新时代
营销
新理念

品牌出海

企业跨境运营与增长实践

霍昊扬 ◎ 著

清华大学出版社

北 京

内 容 简 介

全球化浪潮下，我国企业如何突破文化边界与市场壁垒，在海外实现可持续增长？本书深入探讨了企业跨境运营与增长策略，旨在提供从出海规划到执行的全方位指导。全书分为上、中、下三篇，共 14 章，包括路径规划、用户开发、品牌建设、业务本土化、"抱团"出海、资本对接与管理等内容。书中通过大量实际案例分析，并结合行业趋势，呈现了一幅清晰的企业出海路线图，帮助企业在全球市场中脱颖而出。

本书既是战略级决策指南，也是一线团队的实操手册，适合有志于国际化经营的企业管理者、跨境电商创业者、市场营销人员以及关注企业全球化发展的相关人士阅读。

图书在版编目（CIP）数据

品牌出海：企业跨境运营与增长实践 / 霍昊扬著. --北京：清华大学出版社，2025. 10.
(新时代·营销新理念). -- ISBN 978-7-302-70072-2

Ⅰ. F713.3

中国国家版本馆 CIP 数据核字第 20259FK672 号

责任编辑：刘　洋
封面设计：方加青
版式设计：张　姿
责任校对：宋玉莲
责任印制：宋　林

出版发行：清华大学出版社
网　　　址：https://www.tup.com.cn，https://www.wqxuetang.com
地　　　址：北京清华大学学研大厦 A 座　　邮　　编：100084
社 总 机：010-83470000　　　　　　　　　邮　　购：010-62786544
投稿与读者服务：010-62776969, c-service@tup.tsinghua.edu.cn
质 量 反 馈：010-62772015, zhiliang@tup.tsinghua.edu.cn
印 装 者：大厂回族自治县彩虹印刷有限公司
经　　销：全国新华书店
开　　本：170mm×240mm　　　印　张：15　　　字　数：223 千字
版　　次：2025 年 10 月第 1 版　　　　　　印　次：2025 年 10 月第 1 次印刷
定　　价：69.00 元

产品编号：111102-01

前言
PREFACE

在全球经济格局深度重构的当下，我国企业"走出去"已从战略选择升级为生存刚需。数据显示，2024 年我国对外直接投资规模达 11592.7 亿元，同比增长 11.3%；跨境电商进出口规模达 2.63 万亿元，同比增长 10.8%；新能源、智能制造、消费电子等领域的企业成为出海主力军。

然而，与数据增长形成鲜明对比的，是企业面临的复杂挑战：文化冲突、合规风险、供应链断裂、品牌认知度不足等问题频发，甚至出现"出海三年，亏损收场"的典型案例。全球化 4.0 时代，企业竞争已演变为"本土能力 + 全球资源"的双重博弈。国内市场的存量竞争倒逼企业寻找新增长极，而"一带一路"倡议、《区域全面经济伙伴关系协定》（RCEP）等政策红利，则为出海提供了制度性通道。

出海蕴含着诸多机遇，但也暗藏挑战：东南亚市场虽人口红利显著，却存在文化多元性的问题；欧美市场消费力强劲，但知识产权壁垒高筑；拉美、非洲等新兴市场潜力巨大，但基础设施薄弱导致运营成本攀升……如果企业仅凭低价倾销或"野蛮生长"模式开拓国际市场，必然"水土不服"。在此背景下，本书应运而生，从出海战略规划到落地执行的全链条解析，能够帮助企业实现从"地理位移"到"价值扎根"的质变。

本书最大的特点在于其全面性和系统性。它从出海战略规划入手，深入探讨了企业是否适合出海、为何出海以及出海目的地的选择等关键问题。同时，结合海尔等成功案例，为企业提供了切实可行的战略思路。在路径规划部分，详细介绍了贸易出海、制造出海、服务出海、连锁出海 4 种路径，通过致欧科技、TCL 等企业的实战经验，帮助企业找到最适合自己的出海方式。

市场分析、品牌建设、组织搭建、业务重构等章节从不同角度为企业提供了详细的操作指南。无论是市场调研的方法、品牌定位的技巧，还是海外团队的组建与管理、业务的本土化改造，都能在书中找到实用的建议和方法。此外，本书还涵盖了用户开发、渠道布局、供应链体系、营销推广、合规运作等出海过程中的关键环节，形成了完整的知识体系。

丰富的案例也是本书的一大亮点。书中穿插了大量的真实案例，如小鹏汽车选定欧洲市场、YesWelder 通过内容营销讲述品牌故事、Akko 以本土化产品打开海外市场等，生动形象地展示了企业在出海过程中的成功经验与失败教训，让读者能够直观地理解和应用书中的理论与方法。

对于初创企业，本书是避免盲目试错的行动手册；对于成熟企业，则是突破增长瓶颈的转型蓝图；对于投资者，则成为洞察出海赛道的价值坐标。当全球化进入精耕细作时代，只有将战略理性、运营韧性、资源弹性有机结合，企业才能在世界商业版图中打上属于自己的烙印。本书愿做一座灯塔，照亮我国企业从"出海"走向"入海"的征途。

目录 CONTENTS

上篇

规划品牌出海战略

第01章

出海战略：
走向世界已是必选题

在全球化浪潮中，出海已成为众多企业寻求突破与发展的必选题。海尔一路"过关斩将"，以"三步走"策略从默默无闻到收获超 10 亿全球用户；ofo 却因盲目复制国内模式，折戟海外；顺应潮流不如创造潮流，眼镜品牌 BleeqUp 借助 AI 突出重围。

当下，政策东风劲吹，社交媒体、跨境电商蓬勃发展，出海黄金期已至。企业出海前，须深思出海目的、目的地等问题，做好战略规划，解锁出海的成功密码。

1.1 锚定出海新契机与增长路径

在全球化的大潮中，如果企业仍局限于本土市场，无疑是坐井观天。如今，出海已成为企业寻求新增长点、实现可持续发展的一种新的战略选择。这不仅是对未知市场的探索，也是企业转型升级、迈向国际舞台的必经之路。

1.1.1 抓住出海黄金期

在政策红利、文化包容性提升、社交媒体平台蓬勃发展、跨境电商平台发展以及海外仓建设等多重因素的共同作用下，企业出海黄金期已经到来。

1. 政策红利

针对出海，我国出台的政策包括：允许国内跨境电商从业者通过个人外汇账户直接办理外汇兑换，而无须使用年度便利化额度；提供多元化财政扶持措施，如税收减免、现金补贴等；增设跨境电子商务示范区、孵化器，定期组织培训会议和交流活动；提出"一带一路"倡议，为品牌出海搭建更宽广的平台。

深圳的一家智能硬件初创企业就受益于国家外汇结算便捷化政策，原本需要一周才能完成的外汇结算流程，如今通过个人外汇账户直接办理，仅需1～2个工作日即可完成。这大大加速了资金回笼速度，企业得以将更多资金投入产品研发与海外市场拓展中。同时，在政府提供的税收减免政策支持下，企业在物流和产品认证方面节省了大量成本，在开拓东南亚市场时减轻了负担。

2. 文化包容性提升

随着世界各国文化交流日益频繁、深入，消费者对多元文化的接受度越来越高，他们不再局限于本土品牌，而是愿意尝试来自不同国家、蕴含不同文化底蕴的产品与服务。例如，广东茂名的"桂味荔枝"借助 RCEP 关税减免，以"文化＋产品"模式打入东南亚市场，成为东南亚高端水果市场的"中国名片"。另一典型案例是某国产美妆品牌，其将敦煌壁画元素融入眼影盘设计，通过海外社交媒体传播东方美学，在欧美市场创下单日销量破万盒的纪录。

3. 社交媒体流量红利

Facebook、Instagram、TikTok 等社交媒体平台上聚集了海量用户，形成了庞大的流量池。品牌利用这些平台进行有针对性的广告投放和营销推广，可以快速提升国际知名度和影响力。

空气炸锅品牌 Gaabor 借助 TikTok 在东南亚市场实现爆发式增长。在 Mega Sales（超级大促）这一涵盖"双 9""双 10""双 11"和"双 12"四个重要购物节的关键时期，东南亚消费者购物热情高涨。Gaabor 提前在 TikTok 上预热，以"Why Gweich is the best"（为什么 Gweich 是最好的，Gweich 是一款空气炸锅产品的名字）为出发点，结合马来语中的网络热词 Rancak（享受当下），确定 #GweichRancak 为挑战赛主题，将品牌性与娱乐性有机结合。

Gaabor 还挑选了 4 位马来西亚网络头部达人作为品牌挑战赛发起人，其中 @irfxn 和 @itsafiqhakim 等超头部达人在 TikTok 上拥有超强的粉丝号召力。这些达人发布的挑战相关视频，吸引了大量粉丝参与，使得品牌成功触达核心消费圈层。

4. 跨境电商平台发展

亚马逊、速卖通等跨境电商平台为卖家提供了便捷高效的销售渠道，因此他们无须再费尽心思寻找海外代理商或建立自己的分销渠道，可以直接将产品销售给全球消费者。

来自深圳的 Magcubic（麦比科）品牌最初在速卖通平台销售机顶盒。2023 年底，Magcubic 推出家用便携投影仪，并首创 LCD 投影超短焦技术，在小空间也能投射出 100 寸以上的大屏幕画面。2023 年"双 11"，Magcubic 在速卖通平台进行了"炮筒机"HY300 的全球首发，开卖首日销量便破万单，当月销售额突破百万美元，仓库 10 万件新品快速售罄。2024 年"618 大促"，在速卖通"百亿补贴品牌出海"项目支持下，其销售额突破600万美元。仅半年时间，Magcubic便跻身2024年上半年全球投影仪市场出货量Top10，成为行业内一匹耀眼的黑马。

5. 海外仓建设

我国海外仓数量已经超过2000个，分布于世界各地。海外仓不仅可以为企业提供仓储、物流、配送等一站式服务，还可以帮助企业快速响应市场需求，提高客户满意度和忠诚度。基于海外仓，我国企业出海的物流成本和时间成本有所降低，市场竞争力得以提升。

杭州中艺实业股份有限公司主要聚焦户外家具领域，在出海初期，面临着跨境物流配送时效低、成本高的难题，这些问题严重制约其海外市场拓展。为突破困境，中艺实业采用跨境电商出口海外仓模式，将自主品牌户外家具提前通过跨境物流运送至其设在美国的海外仓。在亚马逊等电商平台上接到海外订单后，直接从海外仓发货。在这种模式下，货物配送时间大幅缩短，消费者能更快收到货物。

面对海外市场广阔的发展前景，我国企业应抓住机会，积极开拓国际市场，努力打造具有全球影响力的民族品牌，让世界见证中国力量。

1.1.2　东南亚地区有很多机会

东南亚地区连接亚洲、大洋洲和非洲，是我国通往南亚、中东和非洲的重要通道。东南亚地区与我国地理位置接近，这一得天独厚的地缘优势不仅减少了我国企业进入东南亚市场的运输成本和时间，还使得供应链管理更加灵活高效。

此外，由于历史上华人移民的影响，东南亚国家有大量的华人，且保留了我国的一些传统文化习俗和社会价值观。因此，当我国企业进入当地市场时，往往能够获得更多理解和支持，市场进入门槛更低，有助于快速建立品牌认知。

具体来说，东南亚市场适合我国企业出海的原因有以下几个方面，如图1-1所示。

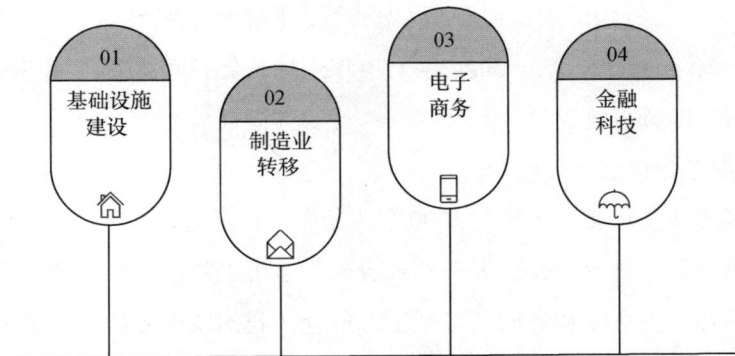

图1-1 东南亚市场适合我国企业出海的原因

1. 基础设施建设

在基础设施建设方面，东南亚地区尚有较大的发展空间，特别是在交通、能源、通信等领域。凭借丰富的经验和技术优势，我国企业可以积极参与东南亚地区的基础设施建设项目，既能促进当地经济发展，又能为自己创造新的增长点。

例如，中国港湾工程有限责任公司（英文缩写CHEC）参与了马来西亚的东海岸铁路项目建设。该项目建成后，将极大地改善马来西亚东海岸地区的交通状况，促进沿线地区的经济发展。项目建设过程中，中国港湾公司采用先进的工程技术和管理经验，克服了地质条件复杂、环境保护要求高等诸多困难。

2. 制造业转移

东南亚地区拥有丰富的劳动力资源和自然资源，劳动力成本较低，环保要求相对宽松，非常适合承接制造业转移。例如，越南拥有丰富、低廉的人力资源，适合承接劳动密集型产业；印度尼西亚拥有镍、铜、锡、锂等丰富的自然资源，适合承接金融冶炼加工、电池制造等产业；马来西亚拥有消费电子、半导体封装等高端制造业产业集群，适合承接高科技、高附加值的精密制造业。我国企业可以通过在东南亚地区投资建厂，利用当地的资源和优势，降低生产成本，提高产品竞争力。

3. 电子商务

东南亚地区人口超过6亿，年轻人口比例较高，他们对新技术和新商业模式的接受度较高，为电商市场的发展提供了良好的社会基础。东南亚地区互联网用户基数预计将在2024—2029年大幅增长，新增用户数将达到7740万。预计到2029年，该地区的网民数量将攀升至6.62亿。此外，东南亚地区拥有Shopee（虾皮）、Lazada（来赞达）、Tokopedia（托科佩迪亚）、Tiki（提基）等多个电商平台，电商市场蓬勃发展。

与欧美等成熟市场相比，东南亚地区的电商平台和零售品类仍处于快速发展阶段，流量红利尚未见顶。这意味着我国企业在进入东南亚市场时，能够以较低的成本获取大量用户，实现快速增长。例如，在2024年Shopee平台"9.9超级购物节"大促直播中，我国美妆品牌INTO YOU（心慕与你）的订单量增长了近10倍，直播间流量增长了近20倍。

4．金融科技

东南亚地区的金融市场尚待完善，金融服务的覆盖面和渗透率有待提高，蕴含着巨大的发展潜力。我国企业可以凭借在金融科技领域的丰富经验和技术优势，在东南亚地区开展金融科技业务，提供便捷、安全的金融服务，满足当地居民和企业的金融需求。

例如，蚂蚁金服和泰国当地支付企业合作，推出了名为TrueMoney Wallet的电子钱包服务。TrueMoney Wallet依托支付宝的技术优势，为泰国用户提供了便捷的移动支付服务，涵盖购物、缴费、转账等多种场景，大幅提升了当地支付的便捷性，也为蚂蚁金服在东南亚金融科技市场赢得了良好的口碑。

对于寻求全球化布局的企业来说，出海东南亚市场是开启新征程的理想起点，也是实现长远发展的关键一步。相信未来会有更多优秀的中国企业在这里绽放光彩，书写属于自己的辉煌篇章。

1.1.3　"走出去"策略：探索新增长点

在国内市场饱和的背景下，出海成为我国企业探索新增长点的重要举措。然而，国际市场具有复杂性和不确定性，企业必须采取科学合理的出海策略，如图1-2所示。

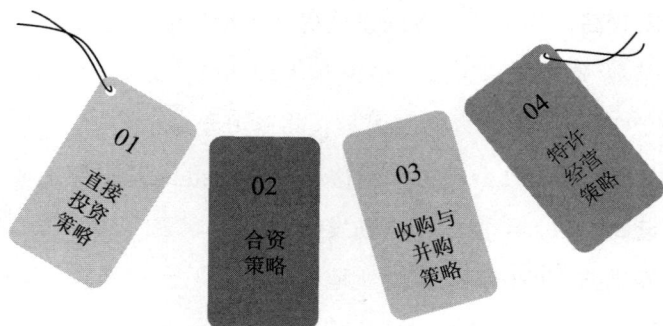

图1-2　常见出海策略

1. 直接投资策略

通过设立海外研发中心、生产基地或销售网络，我国企业能够直接控制海外业务的运营。这种策略的优势在于能够确保企业在海外市场拥有完全自主权，有助于提升技术实力和市场影响力。例如，华为在欧洲设立研发中心，不仅提升了自身的技术研发能力，还提升了市场知名度和竞争力。

2020—2024年，我国企业对外直接投资额保持快速增长，具体数据如图 1-3 所示。

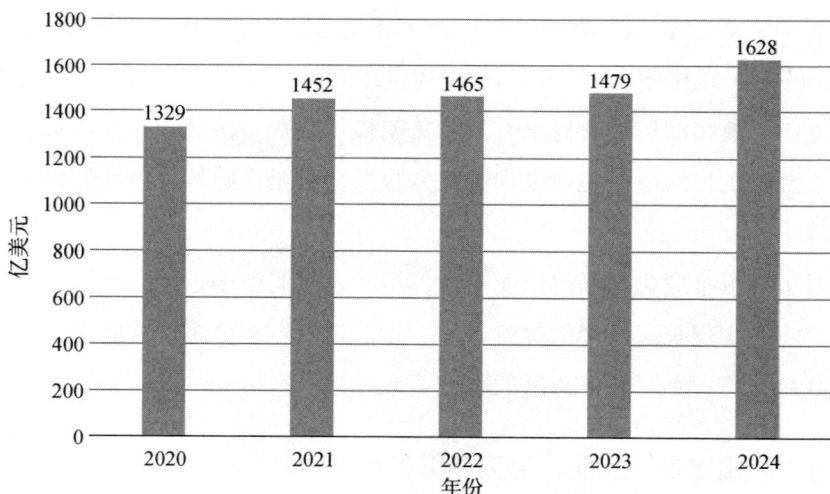

图1-3　2020—2024年我国企业对外直接投资额

2. 合资策略

合资策略不仅有助于企业快速适应目标市场的法律法规和文化，还能让企业通过合作伙伴的本地网络和市场经验，快速抢占市场份额。例如，阿里巴巴与印度支付平台 Paytm 成立合资公司，使得 Paytm 成为印度最大的电子支付平台之一。

3. 收购与并购策略

通过收购海外企业，我国企业能够迅速获得市场份额，提升品牌影响力，并利用被收购企业的技术和资源，实现业务快速扩张。例如，长城汽车收购美国通用汽车设在泰国的工厂，不仅打开了泰国市场，还通过整合被收购企业的资源和技术，提升了自身的国际竞争力。

然而，收购与并购面临文化差异、整合困难、反垄断审查等挑战，可能导致失败。例如，我国酒店行业曾掀起一轮以万达、绿地等开发商为代表的出海热潮，它们主要采取收购单体酒店和"酒店＋合作"两种模式。但开发商涉足酒店行业往往带有多重目的，经营能力欠缺。再加上酒店回报周期长，开发商面临很大的现金流压力，资金链容易断裂。万达就因资金紧张，不得已抛售其在伦敦、加州等地的酒店资产。

还有一些酒店集团采取品牌收购的方式，如锦江收购法国卢浮酒店集团、华住收购德意志酒店集团，结果却不尽如人意：卢浮酒店连续 4 年亏损，华住海外业务也处于亏损状态。这主要是因为海外酒店市场竞争激烈，面临万豪、希尔顿等国际大牌挤压，且海外环境与国内差异大，我国品牌的品牌影响力和供应链能力在海外难以发挥优势。

4. 特许经营策略

特许经营为那些希望以较低成本扩展海外市场的企业提供了一种理想的选择。通过授予第三方使用其品牌、技术和运营模式的权利，企业可以在不承担过多资金压力的情况下在海外市场快速扩张，同时保持品牌形象的一致性和严格的质量控制。例如，海底捞通过特许经营在多个国家和地区开设分店，不仅提升了国际知名度，还通过严格的管理和质量控制，确保了服务品质的一致性。

然而，特许经营面临对特许经营商的管理和确保服务质量的挑战。企业采取特许经营策略出海，应建立完善的管理体系，加强对特许经营商的培训和管理，确保服务品质的一致性和品牌的可持续发展。

无论采取哪种出海策略，深入的市场调研、全面的风险评估和本地化运营都是关键。企业应根据自身的战略目标和资源条件，选择合适的出海策略，并在实施过程中注重风险管理和本地化运营，以实现业务的稳健发展和国际市场的持续扩张。

1.2 出海决策的关键考量点

企业是否适合出海？为什么要出海？出海要去哪儿？

出海不能盲目跟风，在决定出海之前，企业管理者必须深入思考这三个关键问题。

1.2.1 问题一：是否适合出海

在全球化日益加深的今天，越来越多的企业将目光投向海外市场，以开拓更广阔的发展空间。然而，并非所有企业都适合出海。

一般来说，适合出海的企业具有三个特征：一是拥有独立的全球知识产权；二是拥有稳定、高质量的供应链；三是管理层对出海达成一致意见，并愿意长期付出努力。符合这 3 个特征的企业主要有以下几类，如图 1-4 所示。

享有国际知名度
的高科技企业

依赖资源和供应链
的制造企业

饱和市场中
的成熟企业

互联网及
电商企业

图1-4 适合出海的企业类型

1. 饱和市场中的成熟企业

处于本土饱和市场中的成熟企业，往往面临增长乏力的困境，可以通过出海寻找新的客户群体和增长点。例如，消费品、制造业和科技行业的企业，可以利用自身的品牌和技术优势进入海外市场，以扩大销售规模，提高品牌知名度和国际影响力。

2. 享有国际知名度的高科技企业

凭借技术优势和创新能力，高科技企业往往具有很强的国际竞争力，在国际市场上享有很高的知名度。这类企业可以通过技术转让、知识产权合作等方式，在国际市场上获取更大的份额。例如，华为、大疆科技等企业通过出海成功打入全球市场，成为全球领先的科技企业。

3. 依赖资源和供应链的制造企业

对于依赖资源和供应链的制造企业来说，出海是一种优化资源配置、降低生产成本的有效手段。通过在海外建立生产基地，这些企业可以更直接、更便捷地获取原材料，从而降低物流成本，提高生产效率。此外，全球化的供应链布局有助于降低单一市场波动带来的风险，确保企业始终保持稳定的生产和供应能力。

4. 互联网及电商企业

互联网及电商行业的特性决定了企业的业务模式天然具有全球化基因，适合进行跨国拓展。借助互联网技术，这类企业可以轻松打破地域限制，快速拓展业务，覆盖全球用户。例如，阿里巴巴、字节跳动等企业通过出海成功吸引了全球用户，拓展了业务版图。

一些企业盲目出海，只是简单将国内的模式复制到海外市场，最终导致出海失败。一个典型案例是 ofo 小黄车。

最初，ofo 满怀雄心壮志地选择新加坡作为进军海外的第一站，紧接着，迅速扩展到英国、意大利、日本等多个国家。然而，随着业务版图不断扩张，ofo 逐渐陷入泥潭。以美国西雅图市场为例，尽管 ofo 成为首个获得当地政府运营许可的共享单车企业，但由于当地高昂的城市许可费用和严苛的单车数量限制，ofo 最终不得不忍痛撤离。

这一情况并非孤例，在澳大利亚和德国，ofo 同样遭遇了滑铁卢——面对严苛的监管要求，ofo 发现自己根本无力回天，只能黯然退场。更糟糕的是，ofo 在海外市场上的盈利模式单一，几乎完全依赖骑行收费。而在实际操作中，由于缺乏对当地市场的深入了解，ofo 不仅未能有效控制成本，反而被不断攀升的车辆维护、调度及应对破坏行为所需的额外开支拖累。相较于国内市场的低成本运作，海外市场的每一项支出都是在向这个已经摇摇欲坠的企业施加致命一击。

结果就是，ofo 在海外市场上的表现可谓惨不忍睹，亏损之大令人咋舌。最终，ofo 不得不做出艰难的选择——全面撤回海外业务。ofo 的案例告诉我们，国际化绝不是一场简单的游戏，它需要企业对自身能力与目标市场特点有深刻的理解与精准的把握。只有这样，才能避免重蹈覆辙，走向真正的成功之路。

1.2.2　问题二：为什么出海

企业作出出海决策的背后，往往有着复杂、多元化的原因。下面详细盘点这些原因，拆解企业出海的内驱和外驱因素。

1．扩大市场规模

随着国内市场的饱和以及竞争的加剧，企业在本土市场的发展受限，急需寻找新的增长点。而通过出海，企业能够触及更广泛的客户群体，获得更多商业机会。新兴市场，如东南亚、非洲，其经济处于快速发展阶段，且拥有庞大的人口基数，对各类商品和服务的需求旺盛，市场潜力巨大。在这些地区，企业能够发现新的业务需求，进一步拓展业务边界，同时提升国际影响力和在全球市场中的地位。

2．分散经营风险

国内市场的不确定因素，如政策调整、市场需求波动等，都可能对企业的稳定运营构成威胁。而出海则为企业提供了一种有效分散风险的策略。通过在不同国家和地区开展业务，企业能够降低对单一市场的依赖，有效分散经营风险。更重要的是，在国际市场寻找新的发展机遇可以使企业在面临本土挑战时整体业绩依然保持增长势头，从而实现长期稳定发展。

3．提升盈利能力及品牌价值

不同市场的价格体系和消费习惯存在差异，企业在海外市场往往能够获得更为可观的收益。同时，通过在国际舞台上树立良好的品牌形象，企业能够提升其在全球范围内的知名度和影响力，为未来的业务拓展奠定坚实基础。这种品牌效应不仅有助于吸引国际客户，还能使企业在本土市场形成更强的竞争优势。

4. 获取优质人才和技术资源

人才和技术是推动企业发展的重要资源。通过出海，企业可以接触到具备全球化视野和技术专长的优秀人才，也能获取先进的技术和管理经验。宝贵的人才和技术资源可以帮助企业提高创新能力，优化产品线，改进生产工艺，从而在全球竞争中占据更有利的位置。此外，与海外企业、机构合作还可以为企业带来更多商业机会，为其打开更多合作的大门。

5. 顺应全球化发展潮流

经济全球化趋势不可逆转，企业作为经济活动的主要参与者，有必要积极拥抱这一趋势，通过出海参与国际竞争与合作。通过融入全球经济体系，企业能够充分利用国际资源和市场优势，实现转型升级。此外，企业在国际舞台上的表现是展示我国实力和形象的重要窗口，能够推动我国经济的国际化进程。

企业出海不仅是应对国内市场竞争压力的有效手段，还是抓住全球经济一体化机遇、实现高质量发展的必由之路。通过精心规划和执行出海战略，企业能够在更广阔的天地里找到新的增长点，不断提升自身的综合竞争力，为未来的繁荣发展奠定坚实的基础。

1.2.3　问题三：出海要去哪儿

在制订出海规划之前，企业面临的一个重大决策是：出海目的地是哪里。在选择出海目的地时，企业可以借助 PEST 模型，从政治（Political）、经济（Economic）、社会（Social）、技术（Technology）四个维度进行分析，从而实现多维筛选和精准规划。

1. 政治维度

在政治维度，企业需要考虑目的地的政治稳定性和政策连续性。具体而言，税收政策、贸易政策、劳动法规、环境法规，以及政治冲突、腐败问题、政权更替等政治风险会影响企业的稳定运营。

出海的目的地主要分为发达国家和新兴国家两大类。一般来说，发达国家的政治环境比较稳定，法律体系健全，基础设施完善，能够为企业提供安全稳定的营商环境。而新兴国家虽然经济增长势头强劲，市场竞争较弱，但政治环境不稳定，政策与法规可能频繁变动，这会增加企业运营的复杂性和不确定性。

2. 经济维度

在经济维度，企业需要考虑目的地的经济增长、货币政策、通货膨胀率、财政政策、税收政策以及所处经济周期。例如，福耀玻璃出海时选择北美市场，以应对我国制造成本优势减弱的问题。其创始人曹德旺是这样考虑的：美国能源价格低，高速公路不收费，但工人工资高，在营业收入中占比大；我国工厂机械化程度高，工人工资在营业收入中占比小，但是我国还存在制度成本、五险一金等，北美市场和我国市场的各项成本两相抵消，还是北美市场更有优势。

3. 社会维度

在社会维度，企业需要考虑目的地的消费市场和劳动力市场能否帮助自己确定目标市场。在消费市场方面，企业需要考量其人口规模、年龄结构、受教育水平等能否支撑自己的市场拓展战略，以及文化习俗、价值观、消费习惯等因素对产品需求的影响。在劳动力市场方面，企业需要考量劳动力的可获得性、成本效益和技能水平，以及贫困等问题对企业社会责任和形象的影响。

例如，网络游戏企业出海需要考虑目的地的文化习俗、未成年防沉迷措施、游戏版号停止发放或收紧等政策。网易《第五人格》游戏在日本市场具有巨大发展潜力，是因为恐怖是日本传统的夏日主题，这款游戏能够激起当地玩家的兴趣。

4. 技术维度

在技术维度，企业需要考量目的地技术基础设施的可用性、质量，如互联网的普及程度、通信网络的稳定性；与技术密切相关的法律法规，如数据保护法律法规、知识产权法律法规；以及竞争对手的研发投入、创新能力等。以金融科技领域为例，我国很多金融科技公司选择出海东南亚地区，是因为其互联网普及度较高，对金融科技创新持开放态度，监管政策相对宽松。

如果在出海之前，企业没有进行深入的调研，选错目标市场，就可能导致出海失败。例如，某家位于广东的小型玩具制造企业主要生产塑料玩具和益智类游戏产品。在国内市场站稳脚跟后，该企业决定进军非洲市场，并选择南非作为其首个海外市场。然而，由于对当地市场需求理解不足，特别是忽视了南非对于儿童用品安全标准的严格要求，该企业的部分产品未能通过当地的认证测试，导致大量库存积压。同时，南非较高的进口关税以及复杂的清关流程也增加了运营成本。最终，该企业不得不撤回其在南非的业务。

再如，某家小型服装加工厂在国内为多个品牌代工生产T恤、牛仔裤等基础款服饰。该工厂试图开拓南美市场，并选择巴西作为试点。尽管初期与几家当地批发商建立了合作关系，但由于巴西经济不稳定、货币贬值严重以及劳动力成本远高于预期，订单量逐渐减少。此外，巴西复杂的税收制度和频繁变化的劳动法也让企业管理层感到头疼。经过两年多的努力后，该服装厂最终关闭了巴西办事处，转而专注于国内市场和其他更为稳定的国际市场。

1.2.4　案例研究：海尔如何吸引全球超10亿用户

基于得天独厚的供应链与劳动力优势，家电行业堪称我国率先扬帆出海、大刀阔斧推行全球化策略的先锋领域，海尔更是其中的"急先锋"。作为我国最早一批踏上出海征途的家电品牌，海尔凭借"走出去""走进去""走上去"三步走策略，如同一位坚毅无畏的探险家，在国际市场的广袤天地中披荆斩棘，从默默无闻到声名远扬，成功蜕变成为深受全球用户追捧的国际知名品牌。

1. "走出去"：自主创牌，剑指全球

1984年，张瑞敏掌舵的青岛电冰箱总厂（海尔前身）正式宣告成立。彼

时，其他家电企业纷纷选择被收购、贴牌生产等"捷径"出海，海尔却毅然决然地踏上自主创牌之路，决心以自有品牌闯荡国际舞台。

1990年，海尔以无畏的勇气，将出海首站锁定制造强国德国。尽管海尔冰箱顺利斩获德国安全认证，可当地经销商却对海尔能否与本土老牌一较高下表示怀疑。为了检验海尔产品的品质，经销商将海尔冰箱与十多个本土品牌冰箱混在一起进行盲测。这场测试犹如一场紧张刺激的"大考"，结果令人惊叹：在10个严苛的评估指标中，海尔一举拿下8个第一！经销商当场便被其折服，果断订购2万台冰箱。就这样，海尔在国际市场踏出了艰难却无比闪耀的第一步。

1999年，海尔豪掷3000万美元，全力打造海尔美国工业园，这是其在海外竖起的首面"旗帜"。2001年，海尔强势并购意大利一家工厂，就此拉开布局欧洲市场的大幕。同年，海尔在洛杉矶设立研发中心，抢占技术高地。2002年，海尔巧用合资形式进军日本市场，又以泰国为突破口，勇闯东南亚市场，一路攻城略地，气势如虹。

2. "走进去"：精准"把脉"，本土化运营

在出海的漫漫征途中，海尔敏锐洞察到，若不能为当地用户提供独具特色、精准匹配需求的服务，便难以真正占领用户心智。于是，海尔迅速调整航向，全力推行本土化研发、本土化制造、本土化营销"三位一体"的深度本土化战略，同时精心搭建起完善的用户沟通桥梁。

海尔在全球布局10个研发中心、35个工业园、143个制造中心及126个营销中心，紧密贴近本土市场。在日本，针对厨房空间逼仄难题，海尔推出超薄冰箱；在东南亚，面对酷热气候，研发空调自洁技术与能制作冰沙的冰箱；欧洲多雨潮湿，海尔推出大容量除菌干衣机；在巴基斯坦，考虑到当地居民的着装习惯与家庭规模，推出大容量全自动洗衣机；非洲频繁停电，海尔研发出断电100小时不化冻的冷柜。每一款产品都直击用户痛点。

3. "走上去"：品牌跃升，称霸高端

凭借过硬品质与创新设计，海尔在国际市场的品牌形象与影响力与日俱增。为进一步巩固地位，海尔巧妙运用并购手段，在海外打造本土子品牌，

如在美国收购 GEA、在日本收购 AQUA、在意大利收购 Hoover 等，构建起强大的品牌矩阵，成功踏上高端化发展的"康庄大道"。

2004 年，海尔一款畅销冰箱仅售 99 欧元；到了 2014 年，1 米宽全球最大容积法式对开门冰箱，价格飙升至 2999 欧元。2024 年，海尔 A 级能耗朗境 X11 洗衣机在 20 多国首发即成为爆款，价格指数高达 375，强势抢占欧洲高端市场 10% 的份额。

截至 2023 年，海尔全球用户已超 10 亿，家电零售量 15 次蝉联全球第一。在布局全球市场的同时，海尔持续深耕生态品牌建设，在智慧住居、产业互联网、大健康三大领域深耕，不断释放创新活力。其他品牌不妨借鉴海尔这一套行之有效的出海策略与成功经验，精心谋划科学合理的出海战略，在国际市场这片广阔天地中，探寻属于自己的新蓝海。

1.3 革新出海认知和战略思维

如今，国际竞争日趋白热化，很多主流品类已经被国际巨头垄断，我国品牌进入国际市场难度加大。此外，消费者需求趋于个性化和多样化，要求品牌必须采取更精准、更深入的本地化策略。鉴于这些挑战，品牌出海的不确定性和风险更大，因此品牌需要革新出海认知和战略思维，以制定更具竞争力的出海规划。

1.3.1 小赛道里有大机会

在品牌全球化的浪潮中，小众垂直赛道成为出海的新蓝海。这些被传统市场忽视的领域，竞争压力较小，为品牌提供了在设计和功能上实现差异化的空间。随着社交媒体的蓬勃发展，尤其是 TikTok 等短视频平台的兴起，小众品类能够低成本、高效地实现病毒式传播，迅速进入大众视野。

很多在海外市场爆火出圈的产品都是小众品类。例如，牙齿美白仪、螺旋卷发棒等产品因简单易用而受到海外消费者广泛欢迎；加热猫床具有创新性和功能性，解决了宠物睡眠场景中取暖的问题；紫外线贴纸贴合了人们户外活动时的防晒需求。这些小众品类凭借聚焦特定需求、独特的品牌形象和社交媒体传播，成功吸引了海外消费者的关注。

激光雕刻机也是一个小众赛道，在海外市场蕴藏着巨大的发展潜力。过去，这类设备主要应用于工业领域，价格昂贵且技术门槛高。近年来，随着技术进步和生产成本下降，激光切割/雕刻机逐渐演变为面向消费者的家用产品。xTool 作为创客工场旗下的品牌，在这一领域脱颖而出，不仅实现了从教育类产品向激光工具的转型，还成功打入国际市场。

xTool 避开价格战，专注于提供高性价比的产品。其采用 DTC（Direct to Consumer，直接面向消费者）模式直接向消费者销售产品，减少了中间环节，增强了与消费者的联系；利用 YouTube、Facebook 等社交媒体平台进行品牌推广，加强品牌教育，培养忠实用户；通过举办员工创作大赛，丰富品牌故事，增强用户黏性。xTool 在海外市场取得了显著成绩，在 Kickstarter 平台上众筹到超过 100 万美元；在亚马逊平台上，xTool 占据很大的市场份额，D1 桌面级激光雕刻机以及 P2 二氧化碳激光切割机等产品是热销爆款。

小赛道看似市场规模有限，实则蕴含着大机会。对于出海品牌而言，选择小众垂直需求作为切入点，不仅能够避开激烈的市场竞争，还能够通过聚焦特定需求实现快速崛起。在未来的全球化进程中，更多的小众品类和赛道将不断涌现，为出海品牌带来更多可能性。

1.3.2 消费降级时代不能过分卷低价

在全球经济不确定性加剧的背景下，通货膨胀虽有降温迹象，但物价水平仍居高不下。面对这样的经济环境，消费者变得更加谨慎，倾向于选择性价比更高的产品。

SHEIN（希音）、Temu（拼多多旗下跨境电商平台）等跨境电商平台的崛起，也揭示了海外市场消费降级和消费分层的趋势。在这样的趋势下，主打价格敏感型产品的企业能获得更多市场机会，拥有更大的发展空间。

但是，在出海时，企业不能一味采取低价策略。单纯依赖低价、跑量、追求极致的成本压缩，并非可持续发展的正确路径。企业跨境运营的关键在于品牌建设，即通过强化品牌形象、提升产品质量和创造独特的用户体验来赢得市场。

以新能源汽车为例，我国的新能源汽车在欧美市场上广受欢迎，很大程度上是因为平均售价远低于当地同类产品。相关调查数据显示，2023年上半年，我国新能源汽车的平均价格为 31165 欧元，而欧洲和美国的本地品牌平均价格分别为 66864 欧元和 68023 欧元。显著的价格优势确实有助于迅速占领市场份额，但过度依赖低价是一种畸形的发展策略，可能导致企业盈利空间被压缩，难以维持长期健康发展。

对于希望在海外长久发展的企业而言，仅仅依靠低价是不够的，还要融入当地。这意味着企业要探索本地化生产和销售模式，注重提升产品的附加值，以提升消费者的品牌忠诚度。此外，企业还要在产品设计、品质控制上下功夫，并在营销策略上有所创新，以更好地适应海外市场的消费需求。

以跨境电商领域为例，随着跨境电商平台的快速发展，商品价格竞争越发激烈，给卖家带来了新的挑战。为了在平台上争取更多流量，新卖家需要不断上新、铺货，快速响应市场需求。这要求卖家在产品创新和供应链管控上具备更高的能力。

卷价格并非长久之计，随着产业带卖家纷纷出海，赛道竞争更加激烈。即便是非科技类的小商品，也需要通过创新来提升附加值。对于已经步入正轨的卖家来说，获取品牌溢价、将"中国质造"升级为"中国品牌"，才是长期制胜的关键。

综上所述，在消费降级时代，品牌出海不能过分依赖低价策略，而应通过品牌建设、品质提升和产品创新来赢得市场，实现可持续发展。

1.3.3 顺应潮流，不如创造潮流

在出海过程中，顺应潮流固然稳妥，但创造潮流才能赢得先机。例如，某咖啡机品牌利用 AI 技术，通过大数据分析，捕捉到海外消费者对户外生活方式的热爱，以及人们在户外场景下对高品质咖啡的需求。于是，该品牌推出一款专为户外生活设计的咖啡机，不仅满足了消费者的实际需求，还引领了户外咖啡这一新潮流。

中国 AI 眼镜品牌 BleeqUp 通过分析全球社交媒体数据，发现骑行爱好者对"沉浸式记录"的需求激增。其推出的 AI 骑行眼镜 Ranger 搭载动态视频标记功能，利用 AI 算法自动识别骑行中的急转弯、加速等关键时刻并标记素材，用户可一键生成高光视频。该产品在 MWC（世界移动通信）大会上引发关注，众筹阶段即吸引百万美元支持，成为户外科技领域的现象级产品。

AI 在预测消费者行为和市场趋势中发挥着关键作用。通过 AI 技术，品牌可以实时获取并分析来自不同市场的消费者反馈、社交媒体趋势、购买行为等数据，从而精准地把握市场动向。这种基于数据的决策方式使品牌能够高效应对市场变化，快速推出符合需求的创新产品。

这些成功案例告诉我们，品牌出海不仅要关注已有的市场潮流，还要借助 AI 等先进技术洞察、创造并引领潮流。通过深度挖掘消费者需求，并结合创新的产品设计和差异化的市场定位，我国品牌完全有能力在国际市场中创造潮流。

1.3.4 案例研究：小众品牌Seasir如何突出重围

当今时代，垂钓成为许多人放松身心、重建精神世界的重要方式，渔具市场迎来了广阔的发展空间。2023 年全球渔具用品市场收入达到 230 亿美元，预计 2028 年将达到 310 亿美元，复合年增长率为 6.15%，如图 1-5 所示。

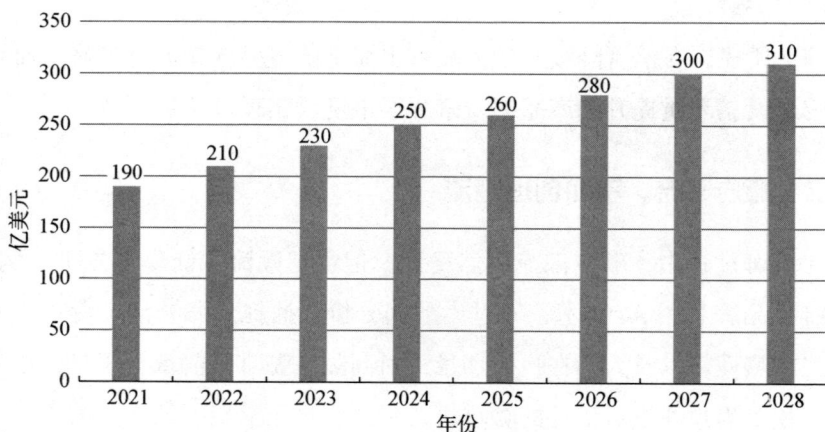

图1-5　2021—2028年全球渔具市场收入

而我国是最大的渔具生产基地，全球约 80% 的钓具产自我国，其中超过 60% 的钓具产自被誉为"世界渔具之都"的山东威海。这里不仅拥有完善的渔具产业链和供应链，还孕育出许多优秀的出海品牌，Seasir 便是其中之一。

Seasir 是一个专注于小众品类电商生意的渔具品牌。2021 年，Seasir 入驻 Lazada 平台，凭借威海的优势产业带，成功打造了品质和价格的双重优势。在 2021 年的"99 大促"中，Seasir 的 3 款新品都取得了不俗的成绩，当月 GMV（Gross Merchandise Volume，商品销售总额）达到 6 万美元。目前，Seasir 的业务覆盖泰国、菲律宾、马来西亚、新加坡等东南亚国家，月均 GMV 稳定在 8 万美元左右。

Seasir 之所以选择东南亚市场，不仅是因为该地区跨境电商市场有巨大潜力，还因为东南亚与我国在文化上存在许多相似之处，便于复制"中国模式"。然而，要在海外市场取得成功，深入洞察消费者需求必不可少。

东南亚渔具市场以传统渔具为主，如鱼竿、渔网、渔篮等，消费者多以养家为目的。从年龄上看，东南亚的渔民年龄普遍偏大，非常重视渔具的实用性和耐用性。除了鱼竿，浮标、鱼线、鱼钩及其他配件在东南亚也十分热销。这些产品易损耗、复购率高，容易产生口碑传播。

在进入东南亚市场之前，Seasir 进行了深入的市场调研和分析。然而，在陌生的市场中，小品牌难以抵御风险，需要平台的支持。东南亚电商市场由 Shopee 和 Lazada 两大巨头主导，Seasir 决定先入驻 Lazada，因为其背后的中国投资背景让 Seasir 感到放心。

电商平台通常为中小卖家提供政策和流量支持，Seasir 很好地利用了这些资源。Lazada 作为在东南亚六国文化环境中成长起来的电商平台，熟悉当地文化和营销节点，经常开展大型促销活动，如"99 大促""双 12"等。

在 GMV 下滑时，Seasir 会向 Lazada 平台寻求帮助。平台客服会分析原因并协助其解决，甚至帮助 Seasir 解决物流问题。超过 110 厘米的特殊渔竿产品的物流运输一直是个难题，但在加入 Lazada 海外仓后，Seasir 不仅节约了物流成本，还大幅提升了物流时效，从发货到客户收货只需 1～3 天。

　　Seasir 从一开始就意识到过于依赖平台并非长久之计，因此十分注重本土化经营。Seasir 不仅深入研究渔具和钓鱼玩法，还分析消费者喜好，发现消费者更喜欢酷炫、个性化的产品。基于此，Seasir 调整产品设计，增加个性化元素，成功积累了一批忠实粉丝。

　　在营销策略方面，Seasir 结合当地风土人情、消费行为和气候等因素，通过社交媒体打造品牌矩阵，通过内容营销将流量引至电商平台，并结合 Lazada 平台的促销活动将流量转化为销量。

第2章

02

路径规划：
选对路方能事半功倍

路径是否正确在很大程度上决定出海的成败。阿里巴巴借跨境电商国际站与对 Lazada 的投资实现贸易出海，领航跨境电商之路；奈伏汽车凭借供应链创新实践，短时间内实现快速增长；TCL 历经技术创新与全球布局，实现从"中国制造"到"中国创造"的华丽蜕变；库迪咖啡凭联营模式，精准洞察海外市场。它们如何在贸易、制造、服务、连锁等出海路径中找准方向？让我们一同翻开本章，探寻其中奥秘。

2.1 路径一：贸易出海

我国很多企业通过跨境电商平台、海外代理商或分销商，把在国内生产或加工的产品销往海外市场。这种贸易出海的模式具有广泛性和灵活性，适合 3C 产品、服装、日用消费品等品类。贸易出海是国际贸易的重要组成部分，在促进国家经济增长、带动就业、保持国际收支平衡等方面具有重要作用。

2.1.1 贸易出海应该怎么做

贸易出海是最早的出海形态之一，发展至今，其仍然是主流出海模式。海关总署 2025 年 1 月公布的数据显示，2024 年我国有进出口记录的外贸经营主体近 70 万家，具体进出口数据如表 2-1 所示。

表2-1 2024年我国进出口贸易数据

指标	总值（万亿元）	同比增长率（％）
进出口	43.85	5
出口	25.45	7.1
进口	18.39	2.3
"一带一路"国家进出口	22.07	6.4
东盟国家进出口	6.99	9

那么，在贸易出海的征途上，企业应该如何做呢？企业可以采取稳健而渐进的策略。

首先，企业应立足国内市场，充分依托自身资源与优势，将产品出口到目标国家和地区，并在当地建立起销售网络。这样不仅有助于企业熟悉目标市场的风土人情、消费者需求、竞争环境等，还能为后续的市场拓展奠定坚实基础。

其次，当企业在当地市场占据一定的市场份额后，就可以设立具有经营权的分销机构，并努力取代当地进口商。基于此，企业可以进一步延伸服务链条，提供更多服务，进一步巩固市场地位。

在当地市场站稳脚跟后，企业就可以根据市场潜力和发展前景跟进投资，将仓储、运输、装配等后端环节引入当地市场，实现从单纯出口终端产品向在当地组装终端产品的转变。依托已经建立的销售网络，企业可以高效地进行产品推广和销售。

最后，如果企业对当地市场充满信心，可以进一步加大投资力度，实现全部经营环节本地化，包括原材料采购、生产制造、售后服务等。这样企业可以更深入地融入当地市场，提高竞争力，占据更大的市场份额。

采取渐进式的贸易出海战略，企业可以不断积累经验、调整策略，灵活应对各种市场变化。而采取激进的策略，则可能导致出海失败。例如，我国光伏产业在过去十几年间发展迅猛，众多光伏企业为了抢占欧美市场份额，采取了激进的低价扩张策略。大量企业在短时间内大幅增加产能，以低价向欧美市场倾销光伏产品。

这种策略引发了欧美市场的强烈反应，欧美各国政府相继对我国光伏企业发起了反倾销和反补贴调查，使得我国光伏企业面临高额的反倾销税和反补贴税，产品出口成本大幅增加，市场竞争力急剧下降。

最终结果是，我国许多光伏企业在欧美市场的份额大幅萎缩，部分企业甚至不得不退出欧美市场，一些企业因资金链断裂等问题面临破产倒闭的困境，整个光伏产业遭受重创。

2.1.2　跨境电商是热门赛道

相较于传统外贸，跨境电商以其独特的三大优势改变了游戏规则：首先，它以小批量、多批次的方式满足了消费者的个性化需求；其次，去除了中间商环节，降低了门槛，扩大了利润空间；最后，简化了交易流程，并通过高效的物流运输实现了快速配送。

1. 阿里巴巴：跨境电商的领航者

阿里巴巴从诞生之初就站在变革的前沿。其面向全球的 B2B 平台——阿里巴巴国际站，早已成为连接中国制造商与全球买家的重要桥梁。而对东南亚最大电商平台之一 Lazada 的投资更是展现了阿里巴巴的战略眼光。自 2016 年收购 Lazada 以来，阿里巴巴不断加码投资，截至 2024 年 5 月，累计投资额已达 77 亿美元。Lazada 在东南亚市场展现出惊人的增长速度，证明了阿里巴巴在跨境电商领域的卓越布局和远见卓识。

2. 拼多多：新锐势力的崛起

拼多多在美国推出的跨境电商平台 Temu 如同一颗重磅炸弹投入市场，短时间内便登顶 Google Play 购物类应用下载排行榜，力压 Amazon Shopping（亚马逊购物）和 SHEIN 等强劲对手。拼多多推出的"2022 多多出海扶持计划"，凭借百亿级资源支持，旨在打造 100 个首批出海品牌，并直接对接 1 万家制造企业与海外市场。Temu 为商家提供零佣金、零保证金政策以及全方位的基础服务，极大地降低了商家运营成本，这一举措无疑为中小企业打开了通往国际市场的大门。

3. 字节跳动：多元化布局的先锋

字节跳动以其一贯的创新精神，在跨境电商领域频繁发力。其相继推出多个跨境电商平台，如 If Yooou、Dmonstudio、Fanno 等，同时在印度尼西亚等地试水直播电商业务 TikTok Shop，不断扩大其全球版图。字节跳动通过短视频和直播带货的形式，开辟了一条全新的跨境销售路径，让全球消费者能够更加直观地体验产品魅力。

4. 京东：挑战与转型

相比之下，京东虽然很早就布局海外市场，但在国际电商业务方面却遭遇重重困难。JOYBUY 俄文站短暂上线后迅速撤退，京东印尼站和泰国站也在 2023 年关停。京东与沃尔玛的合作一度风光无限，但也未能持续。京东曾与沃尔玛合作开设"店中店"，一度成为沃尔玛电商平台第一大店，但 2024 年 5 月 31 日起已停止沃尔玛线上渠道业务的运营。京东出海受挫，主要源于自营模式在海外面临品牌认知度低、供应链成本高、商品丰富度和价格竞争力不足等问题，导致其海外业务发展艰难。

然而，京东并未放弃，而是依托其强大的供应链体系，专注于物流和仓储服务，目前在全球范围内拥有近100个保税仓、直邮仓和海外仓，覆盖全球近230个国家和地区。

5. 腾讯：低调入局，高调影响

即便是被认为缺乏电商基因的腾讯，也在跨境电商领域悄然布局。通过投资Sea（Shopee母公司）和持有印度大型B2C电商平台Flipkart的股份，腾讯在全球电商市场中扮演着重要角色。这种策略性投资不仅帮助腾讯间接参与了跨境电商的竞争，也为合作伙伴带来了丰富的资源和技术支持。

在大企业的带动下，众多中小企业紧随其后，通过各种方式加入跨境电商的浪潮。一些企业通过亚马逊、eBay（易贝）等第三方平台销售产品，还有一些企业通过自建独立站来打造品牌。

2.1.3　案例研究：致欧科技的成功出海之道

致欧科技是我国最大的B2C家居跨境电商品牌之一，是亚马逊平台上欧美市场的头部家居品牌卖家。在出海方面，致欧科技拥有丰富的经验和科学的策略，如图2-1所示。

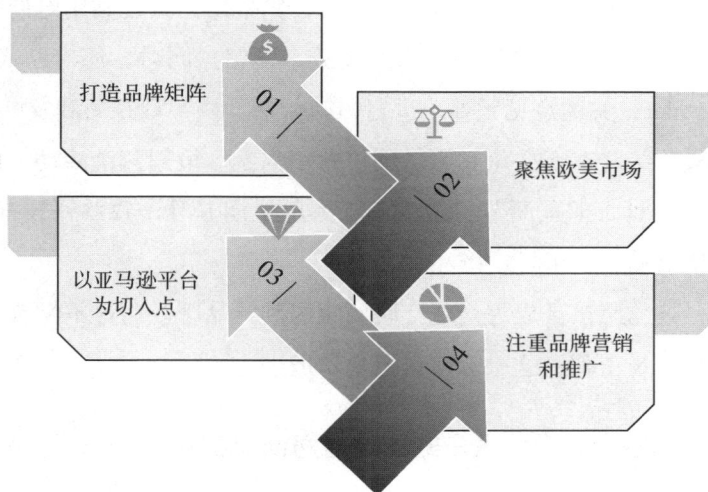

图2-1　致欧科技的成功出海之道

1. 打造品牌矩阵

致欧科技旗下有三大自有品牌——SONGMICS、VASAGLE、FEANDREA，分别聚焦家居、家具、宠物家居，满足了不同消费者的多样化需求。

2. 聚焦欧美市场

在拓展海外市场的征程中，致欧科技将重点放在欧美市场。欧美地区消费者对家居品质和设计的高要求，与致欧科技的产品理念不谋而合。通过深入了解欧美消费者的喜好和需求，致欧科技不断优化产品，使其更符合当地市场需求。

3. 以亚马逊平台为切入点

致欧科技在 2012 年就入驻亚马逊平台，旗下品牌都有自己的专属独立站。之所以将亚马逊作为切入点，是因为其拥有海量的在线流量和庞大的用户群体，而且在欧美市场很受欢迎，是欧美消费者首选的购物平台之一。

致欧科技以亚马逊平台的 B2C 模式为主导，直接触达终端消费者，了解他们的需求和反馈，从而不断改进产品和服务。此外，B2B 业务的快速发展也为致欧科技的增长注入了新的动力。

4. 注重品牌营销和推广

在品牌推广方面，致欧科技设立了海外市场营销中心，结合多方面数据进行品牌的全球推广。除了在官网上进行营销推广，其还利用电商平台、社交媒体、杂志、搜索引擎等多渠道开展数字营销。同时，还借助 KOL（Key Opinion Leader，关键意见领袖）进行口碑传播，以实现拉新和复购。

致欧科技结合本土文化和习俗创作营销内容、策划营销活动。例如，在欧美的主流节日，如圣诞节、情人节、黑色星期五等，致欧科技推出秒杀、折扣等促销活动，积极推广产品和品牌。

致欧科技的愿景是成为全球互联网家居领导品牌。通过不懈努力和持续创新，致欧科技正朝着这一宏伟目标稳步迈进。

2.1.4 案例研究：奈伏汽车的贸易出海创新实践

在全球汽车贸易的汹涌浪潮中，2022 年 8 月于上海破浪启航的奈伏汽车

NEVE MOTORS 宛如一颗耀眼新星。短短两年间，它便在市场中崭露头角，2024年营业额强势突破12亿元，展望2025年，其规模更是剑指40亿元，气势如虹。

得益于中国制造的技术和成本优势，过去几年，奈伏汽车将小米、比亚迪、理想、极氪、问界等国产新能源汽车销往50多个国家，主要集中在中东、非洲、中亚，东南亚、南美等地区。

奈伏汽车之所以能在短时间内取得傲人成绩，秘诀有三。

1. 多样化的海外营销渠道

营销获客是出海业务的核心，奈伏汽车采取"多点开花"策略，在线上和线下进行全方位的布局。线上，其在各类海外社交媒体都开设了账号，如Instagram、TikTok、WhatsApp、Facebook等，同时在阿里巴巴国际站等海外电商平台开设了店铺；线下，其在迪拜、莫斯科、吉布提等重要地区都设有展厅或海外仓。线上线下相结合的方式，使奈伏汽车顺利打通了获客渠道。

2. 完善的供应体系

由于国内汽车行业普遍采用经销商模式，为了防止串货和异地销售，主机厂会要求车辆只能在本地完成上牌，因此奈伏汽车在国内设立了36家全资子公司，几乎覆盖所有省会城市，是全国所有出口公司中供应体系最完善的公司。各地子公司提供了全国低价的车源，保障奈伏汽车对外的报价极具竞争力。

3. 给力的外贸团队

再好的市场也需要有执行力的团队支持。奈伏汽车的团队成员大多是"00后"的年轻人，在面对新的行业、新的模式、新的市场时，他们具有显著优势，擅长通过社交媒体吸引海外买家，赢得客户信任。更重要的是，他们在工作中充满热情，不断探索自身价值，做出显著的工作成果。

经过在汽车行业多年的探索和积累，奈伏汽车心怀更大的梦想——帮助中国汽车走向全球市场。然而，现状是汽车行业出海缺乏灵活、高效、专业、低成本的全球汽车供应链资金。对此，奈伏汽车决心打造一个全球汽车供应链金融网络，为中国汽车出口到全球各地提供全方位资金支持，让终端客户满心欢喜地提走心仪爱车。

汽车供应链金融网络能打通全链路的所有服务和流程，营销、采购、报关、运输、监管仓、清关、展厅等都可以实现一条龙服务。供应链体系完善后，品牌方就可以专心开拓市场，出口商就可以专心开拓客户，再也没有后顾之忧。而奈伏也就可以逐步从台前退居幕后，真正成为中国国产汽车出海的坚实后盾。

2.2 路径二：制造出海

很多企业在具备了一定的技术积累、创新能力以及供应链管理经验后，就会在海外建设生产基地、工厂，实现制造出海，以进一步拓展利润空间。需要注意的是，在制造出海的同时，企业还需要在当地建立销售和服务网络，进行本土化建设。

2.2.1 价值分析：制造出海的优势

制造出海为企业打开了新的市场空间，给企业带来显著的竞争优势。下面从五个方面分析制造出海的优势，探讨其对企业发展的重要价值。

1. 拓展市场，提升销量

通过在海外建立生产基地，企业能够直接触达目标市场，缩短供应链，更快地响应当地消费者的需求。这种布局使企业能够迅速捕捉市场动态，精准调整产品策略，从而有效促进销量持续增长。例如，某家电巨头在东南亚设立工厂后，凭借产品与服务本地化，迅速赢得了当地消费者的青睐，销量大幅提升。

2. 降低生产成本，提升市场竞争力

一些发展中国家的劳动力成本较低，企业可以利用这一优势，降低人工成本。此外，在原材料产地建厂可以减少运输成本和时间，提高生产效率。许多国家为了吸引外资而推出税收优惠政策，企业通过在当地建厂享受这些政策，降低税负。

3. 规避贸易壁垒

面对日益严峻的贸易壁垒和贸易保护主义，制造出海成为企业破局的有

效手段。通过在海外建厂，企业能够实现本地化生产，有效绕过关税与非关税壁垒，确保产品顺利进入目标市场，提升市场竞争力。

4. 提升国际影响力

制造出海不仅是企业调整生产布局的重要举措，还是企业推进品牌国际化建设的关键一步。在海外市场深耕，有助于提升品牌的国际影响力和知名度，树立良好的品牌形象。此外，消费者往往对在本土生产的产品有更强烈的认同感和信任感。

5. 引进先进技术与管理经验

在海外建厂，实现制造出海，企业可以接触到先进的生产技术和管理经验，实现自我革新和提升，为自身的长远发展奠定坚实的基础。

制造出海是企业顺应经济全球化趋势、实现跨越式发展的必然选择。它不仅为企业带来了成本降低、规避贸易壁垒等多重优势，还推动了品牌国际化进程，为企业赢得更加广阔的发展前景。

2.2.2 如何安全地实现制造出海

要实现安全的制造出海，企业必须在成本控制、合规运营和本地化建设上下功夫。

首先，成本控制是制造出海的生命线。制造业的材料成本占比极高，降低采购成本、优化供应链成为提升盈利能力的关键。

AI可助力企业更精准地进行成本管理。例如，上汽国际采用的整车财务分析平台融入AI技术，实现对成本数据的实时智能分析。AI算法能够挖掘成本数据中的潜在关联和趋势，预测成本变化，为企业提供成本优化建议。例如，通过分析原材料价格走势、生产工艺数据和市场需求变化，AI可以帮助企业提前调整采购计划和生产安排，降低成本风险。

其次，合规运营是制造出海的安全阀。近年来，我国企业在海外投资与收并购中频繁遭遇合规挑战。例如，烟台台海集团收购德国一家公司因安全问题被叫停，小米印度公司因违反印度《外汇法》被冻结资产。这些案例警示企业出海必须严格遵守海外法律法规，建立健全合规管理体系。

联想作为制造出海的先行者，打造了包含全球财务共享中心和全球税务控制中心的全球财税合规方案，成功避免了税务合规风险。企业应借鉴联想的经验，结合自身的实际情况，制定适合自己的合规策略。同时，企业还应加强与当地政府和行业协会的沟通与合作，及时了解法律法规的变化，确保业务的合规性。

最后，本地化建设是制造出海的必由之路。其中，本地建厂是我国企业实现制造出海的重要一环，它不仅能帮助企业降低生产成本，还能提升企业的品牌影响力和市场竞争力。然而，本地建厂并非易事，企业需克服文化差异、劳工合规等挑战。

2024 年 12 月，我国某知名电动汽车企业在巴西的电动汽车工厂建设项目深陷劳动合规争议。巴西劳工检察官办公室指控，该工厂 100 多名中国工人遭受"奴役式用工"。调查显示，工人居住条件简陋、长时间无休工作、加班费未落实、护照被扣押、解约还需支付高额费用，严重违反巴西《统一劳工法》及国际劳工标准。尽管品牌方已采取相应措施，但名誉严重受损。

因此，制造出海应注重劳动合规审查，了解海外市场的劳动法规和政策，遵守当地的劳动习惯，加强合规风险防控，避免因管理疏忽引发合规问题。

2.2.3 案例研究：TCL 从"中国制造"到"中国创造"

在全球化的浪潮中，我国制造业经历了从低价竞争到创新驱动的华丽转身，而 TCL 无疑是其中的典范。从最初依赖低廉的劳动力和资源优势，到如今凭借技术创新、品牌价值和全球布局引领全球市场，TCL 的发展历程充分展现了"中国制造"向"中国创造"的飞跃。

TCL 的全球化征程始于 1999 年收购香港陆氏在越南的电视工厂。从早期单一的海外贸易到深耕欧美市场，再到今天的全球化运营，TCL 始终把全球化作为其核心战略，步步为营，精准布局。TCL 成功的背后，离不开四大关键策略，如图 2-2 所示。

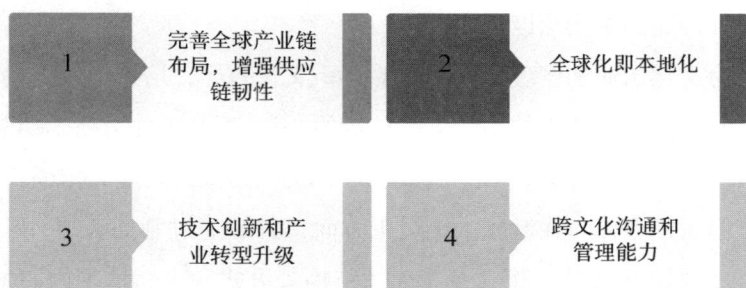

图2-2　TCL的成功之道

一是完善全球产业链布局，增强供应链韧性。面对全球经济格局的巨变，TCL率先构建全球制造网络，从容应对挑战。在欧洲、美国、拉丁美洲、东南亚等市场，TCL强化区域发展，提升节点能力，建立本地化经营和区域化供应链体系，制订应对不同国家关税政策的弹性工厂计划。以美国市场为例，TCL通过越南和墨西哥的工厂向美国供货，有效规避了关税壁垒，同时带动了国内核心器件、装备、材料的出口。

二是全球化即本地化。TCL深谙全球市场运作的奥秘，灵活运用并购、合资等多种方式切入国际市场。其与巴西SEMP企业的合资合作堪称TCL本地化战略的典范。通过在马瑙斯建立电视生产基地，雇佣当地员工，TCL不仅实现了生产和销售的本地化，还有效降低了运营风险，取得了令人瞩目的业绩。而通过连续30年的体育营销布局，TCL借助足球、电竞等国际顶级赛事，巧妙地加速了全球市场的渗透，成功打响了品牌。

三是技术创新和产业转型升级。TCL深知，全球竞争的焦点已从低成本转向高附加值的技术和创新。为此，TCL大手笔收购汤姆逊电视业务，获得了DLP（Digital Light Porsessor，数字光处理）背投技术，并成立了TCL工业研究院，加大研发投入，累计申请专利超11万件。

在Mini LED和OLED（Organic Light Emitting Diode，有机发光二极管）技术领域，TCL实现了突破，成功延长了LCD（Liquid Crystal Display，液晶显示器）电视的生命周期，在全球高端电视技术的竞争中占据了有利地位。此外，TCL还大力布局智能终端、半导体显示和新能源光伏三大核心业务，逆向投资液晶产业，开辟了全新的产业赛道，并大力拓展新能源光伏领域，提升了海外产业的布局深度与广度。

四是跨文化沟通和管理能力。TCL 尊重文化差异，培养了一支具备海外运营能力和风险控制能力的团队。其独特的"铁三角"人才策略，即总经理、财务和供应链三个职位必须由中国人担任，其他岗位由当地人担任，使得中外团队能够紧密合作。在激励本土员工方面，TCL 通过刷新认知、形成业绩荣誉感、物质奖励驱动、建立专业人才结构等方式，点燃员工内心的火焰，激发员工的积极性和创造力，提升了团队的整体战斗力。

TCL 从"中国制造"到"中国创造"的转变，是其在全球化发展、产业链布局、技术创新、本土化运营等多方面全力以赴、努力拼搏的辉煌成果。TCL 的成功经验，为我国企业走向世界提供了无比宝贵的借鉴和参考。

2.3 路径三：服务出海

我国很多企业将自身的服务模式、产品、解决方案等推广到海外市场，如文化服务、金融服务、科技服务、物流服务等，以实现业务增长和市场份额拓展。服务出海要求企业具备较强的服务能力和丰富的专业知识，能够精准定位并满足目标市场的服务需求。

2.3.1 文化服务出海

网络文学、网络游戏、影视内容、短视频作为新时代文化出海的"四驾马车"，引领着我国文化服务扬帆出海，驶向国际舞台。

近年来，我国网络文学在海外市场的影响力持续扩大，从早期依赖爱好者自发翻译作品在网上发布，发展到成熟的线上互动阅读平台，再到形成涵盖创作、发行、改编等环节的完整产业链条。

以阅文集团为例，其积极运用 AI 技术推动网文出海。升级的 AI 翻译模型，让翻译成本平均下降 90%，AI 翻译作品的营收占阅文海外总收入约30%。截至 2024 年，它的海外门户网站"起点国际"已上线约 6000 部我国网文翻译作品，包含英语、西班牙语、德语、法语等多种语言。《超级神基因》这一经典的网络小说，英文版本在该平台上的阅读人次超过 1.4 亿。这背后离不开 AI 翻译打破语言障碍，使得海外读者能顺畅阅读我国精彩网文。

网络游戏是向世界展示我国优秀文化的重要窗口，我国网络游戏在海外受到广泛欢迎。2024 年，我国自主研发游戏在海外的实际销售收入为 185.57 亿美元，同比增长 13.39%。我国出海游戏收入占比前 5 名的国家为美国、日本、韩国、德国、英国，如图 2-3 所示。

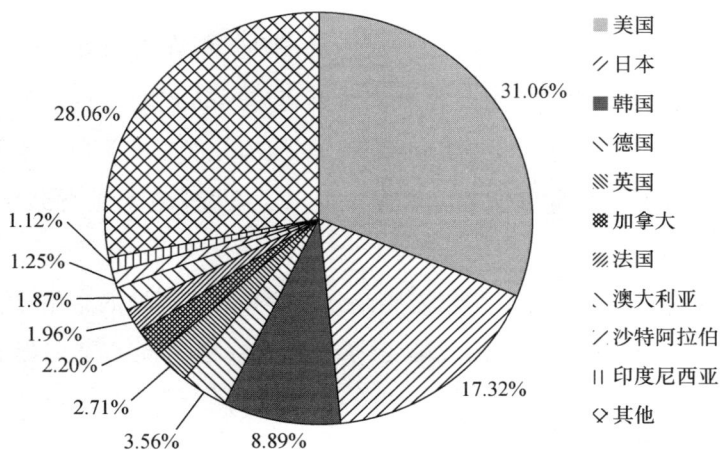

图2-3　2024年我国出海游戏收入构成

2024 年 6 月，王者荣耀国际服《Honor of Kings》在全球 160 多个国家和地区上线，首月用户就突破 5000 万。2024 年 8 月，《黑神话·悟空》上线，凭借充满科技感的游戏体验以及深厚的文化底蕴，上线首日便实现盈利，全渠道总销售额超过 15 亿元。这款游戏不仅仅是一款娱乐产品，更是一座连接中外文化的桥梁，激发了海外玩家对我国传统文化的浓厚兴趣。

在影视内容方面，我国影视作品逐渐从零星出海向批量输出转变。例如，阅文集团的影视剧《庆余年第二季》通过迪士尼平台全球同步发行，是平台上的热门中国电视剧；《与凤行》在全球 180 多个国家和地区播出；《玫瑰的故事》被翻译成十几种语言在海外热播，在全球掀起一股"玫瑰热"。

华策集团成立 AIGC 应用研究院，研发出"有风"和"国色"两个大模型。其中，"国色"专注实时翻译与剪辑，让影视剧能快速生成不同语言版本。以《国色芳华》为例，该剧于 2025 年 1 月在国内上映后，通过"国色"模型助力，在海外几乎同步上线，目前已覆盖美国、法国、西班牙等 73 个国家和地区。

在短视频出海方面，抖音及其海外版 TikTok 已成为传播中国声音的新阵地。例如，景德镇陶瓷艺人的精湛技艺在海外走红，播放量高达 4500 万；一条展现华服之美的"梦回唐汉"视频在 TikTok 上赢得了 4000 万网友的喜爱。

虽然 TikTok 在全球范围内取得了巨大成功，但在美国市场面临了一些挑战。具体而言，TikTok 的内容审核标准和美国的文化习惯存在冲突，引发了美国用户对平台内容审查机制不满，认为部分视频被不合理地下架。此外，美国政府对其数据安全和隐私保护提出了质疑和担忧，导致 TikTok 在美国市场面临监管压力。

我国文化服务在出海过程中需要充分了解并尊重当地的文化习惯，进行充分的市场调研和策划，根据政策变化灵活调整产品策略以适应当地市场。

2.3.2 金融服务出海

近年来，金融科技企业纷纷出海，这一趋势背后蕴含着多重动因。一方面，随着国内市场竞争白热化，金融科技企业急需寻找新的增长点，向外扩张成为必由之路。另一方面，跨境旅游、商贸交流日益频繁，加之境内外政策利好不断释放，为金融服务出海铺设了宽广的道路。

金融服务出海主要包括移动支付、数字银行、跨境支付、在线借贷平台以及财富管理服务等。凭借多年的发展，我国金融服务水平已跻身全球前列，特别是在移动支付、手机银行等领域。

在众多以金融服务出海的企业中，除了大型银行凭借雄厚的实力和广泛的资源积极拓展海外市场，一批具备金融出海能力的独角兽创业公司也崭露头角。这些独角兽创业公司从零起步，凭借科技能力为企业出海提供支持。

公司总部位于我国香港地区的 FundPark（丰泊）集团便是一个典型代表。作为一家深耕跨境贸易细分领域的金融科技公司，FundPark 集团通过其设计的 AI 数据模型，从六大维度精准分析跨境贸易出海企业的运营能力、供应链能力、海外营销能力、品类/行业能力、企业最终的周转率和金融拓展能力以及海外宏观政治环境因素。

基于这些维度的分析，FundPark 集团利用 AI 技术智能识别跨境贸易出海企业所面临的多重挑战，在金融领域给企业提供支持，把企业的整体能力以形象化、数字化的形式展示出来，同时根据不同的评分等级，给予企业不同金额的海外资金支持。

FundPark 集团的"大数据 + 人工智能"的算法能力，赢得高盛、汇丰等大型投资银行的青睐，因此获得 ABS（Asset Backed Security，资产支持证券）投资。其将这笔投资用于满足全球跨境贸易企业的融资需求。

我国金融企业出海面临诸多挑战。从海外的金融监管到当地的金融环境、信用环境、政治环境等诸多不确定因素，都需要我国金融企业不断学习和成长创新。在这个过程中，最核心的能力是对行业的深刻理解。无论是对于大型银行还是对于独角兽创业公司来说，任何形式的出海都是对企业专业能力的考验。

2.3.3　科技服务出海

在全球经济一体化的背景下，科技服务出海成为我国企业拓展国际市场、提升全球竞争力的重要途径。随着信息技术、人工智能、云计算等新兴技术的快速发展，我国越来越多的科技企业积极布局海外市场，寻求更广阔的发展空间。

科技服务出海是指以移动互联网、人工智能、云计算等新技术和新商业模式为基础，向海外市场提供高效、灵活、定制化的科技服务。这些服务涵盖云计算、智能机器人、智能语音交互等多个领域，旨在满足海外客户的多样化需求。

北斗系统在全球范围内得到广泛应用，是我国科技服务出海的一个典型案例。2020 年 7 月 31 日，北斗三号全球卫星导航系统正式启用，标志着北斗系统进入全球化发展的新纪元。北斗系统是全球四大卫星导航系统之一，服务范围覆盖全球 200 多个国家和地区。以北斗系统为底座的土地确权、智慧港口、精准农业等产品，已经在东南亚、西亚、非洲等地落地应用，有力地推动了当地经济社会的发展。

北斗系统在海外市场表现出色，已取得累累硕果。在科威特，北斗系统助力建造高达 300 米的科威特国家银行总部大楼，确保了垂直精度的准确性；在莫桑比克，植保无人机凭借北斗系统获取定位数据，精确沿预设轨迹喷洒农药，显著提升了水稻种植效率；在沙特阿拉伯，北斗被应用于采集测量测绘的地理信息、城市基础设施建设、沙漠中人员车辆追踪等领域；在黎巴嫩，北斗被用于贝鲁特港口码头的施工测量作业；在布基纳法索，北斗被用于医院建设项目的测绘工作，仅用 6 天便完成了施工测量，建造时间缩减一半以上；在突尼斯，北斗系统建立了首个海外中心——中阿北斗中心。

另外一个典型的案例是云计算出海。在数字经济浪潮中，云计算出海已成为一种必然趋势。我国的阿里云、腾讯云、华为云、百度云等品牌，都走向了国际市场。它们的业务覆盖拉丁美洲、中东、非洲等地，和海外的云计算巨头展开激烈竞争，重塑了全球云计算市场格局。

2.3.4　物流服务出海

从 2018 年的 1.06 万亿元到 2023 年的 2.38 万亿元，我国跨境电商进出口额在 5 年间增长了 1.2 倍。这一辉煌成就的背后，离不开我国物流企业的海外布局和大力支持。

近年来，菜鸟、圆通、中通、货拉拉等物流公司纷纷出海，构建起涵盖陆路、铁路、航空货运等多种运输方式的多元化物流网络，将货物高效送达世界各地。

菜鸟网络背靠阿里巴巴，具有天然的电商基因。其在海外自建物流网络，联合速卖通推出的"全球 5 日达"国际快递快线产品，已覆盖英国、比利时、法国等 10 多个国家。菜鸟旗下拥有 6 个智慧物流枢纽、15 个分拨中心，每月动用 240 多架包机执行干线运输任务，包裹量全球第一。

圆通在出海方面也表现出色。2024 年 2 月，圆通速递国际供应链为国内某制造企业出海印度尼西亚建厂提供物资运输服务。这些物资总计超 3 万吨，包括龙门吊、叉车、箱式变压器等超大、超重型工程设备及材料。

圆通进行"一主九从"和"3+3"战略布局，紧跟跨境电商和华人华企出海的步伐，不断拓展国际市场。其中，"一主"指的是圆通在嘉兴投资122亿元建设的"东方天地港"物流枢纽；"九从"是指珠海（横琴）、合肥、广州、昆明、义乌、海口、黑龙江绥芬河、南宁、新疆霍尔果斯等九大枢纽基地；"3+3"则是指泰国曼谷、澳大利亚悉尼、阿联酋迪拜和匈牙利布达佩斯、美国洛杉矶、巴西里约热内卢六大全球核心节点。

中通快递早在2014年便进军国际市场，逐步开拓了东南亚、非洲等市场。2017年，中通国际积极响应"一带一路"倡议，进入柬埔寨市场。如今，柬埔寨中通已发展成一家以快递业务为核心的综合性物流服务公司，服务范围覆盖柬埔寨全境。

柬埔寨中通不断完善终端运输网络，与小米、江淮汽车、华为等品牌合作，实现了"从工厂到用户""从田间到餐桌"的全链路管理，每年助力上千吨中柬优质农产品销往海外市场。

Lalamove是货拉拉旗下的海外品牌，其以中小企业为切入点，在全球11个市场开展业务，覆盖东南亚、南亚、拉丁美洲等地区。Lalamove注重数字技术的应用，通过智能匹配订单、实时优化路线等手段，帮助企业降低运输成本。Lalamove实施本土化战略，员工大多为当地人，并根据当地市场特点灵活调整配送方式，如两轮摩托车、面包车等，实现在本地市场的高效运营。

2.3.5 案例研究：浩鲸科技向海外输出数字化服务

浩鲸科技成立于2003年，在2005年就开始实施全球扩张战略。如今，其已进入全球80多个国家和地区，为超过150家电信运营商和700多家企业及机构提供数字化转型解决方案和服务。其服务超过18亿终端用户，成功打造了多个中企出海示范项目。

2020年，浩鲸科技面向海外市场推出STRATO战略，采取集咨询、方案、产品、交付和运维于一体的全新商业模式。其基于核心BSS/OSS产品，打造了数字化转型 2.0 方案，并构建了 B2B 和 B2B2C 两大运营平台。为顺应"数字主权"趋势，浩鲸科技推出 Local X 系列产品，包括 Local Public Cloud、LocalGPT、Local Security 等应用，助力海外国家建设合规、可控的数字化基础设施，推动业务上云和移动支付的发展，提升当地数字化水平。

在 B2B 方面，面对全球数字基础设施建设加速的趋势，浩鲸科技推出了以云底座为基础的 Local Public Cloud 方案，为海外重点客户提供符合当地法规、灵活可控的云基础设施，支撑国家云、政务云以及短视频、直播等终端数字应用。该方案已在印度尼西亚、南非等地实现商用，推动了当地数字化转型和经济增长。浩鲸科技在"主权云"领域的杰出表现获得了 Gartner 的认可，成为该领域的标杆供应商。

在 B2B2C 方面，浩鲸科技为运营商、银行等行业客户提供数字金融和移动支付技术服务。其与蚂蚁国际合作，共同开发具备行业领先功能的电子钱包和 Super App，已在南非、智利等地落地应用。值得一提的是，其为哥伦比亚打造的 Super App 助力其实现 3000 万用户的流量变现。

在大模型浪潮下，浩鲸科技依托鲸智大模型和 AI 能力，为海外市场定制了融合生成式 AI、感知性 AI、预测性 AI 的整合方案，形成了统一的 MAAS 平台，实现了业务自动化、客户体验提升、业务增长和业务安全性增强。该方案包括大数据挖掘平台、LocalGPT、eKYC、VIAAS、DataOps 等应用，能够满足客户的多样化需求。在实践中，该方案凭借轻量级私有化模型部署、统一 MaaS 管理等优势，助力电信、智慧农业、新零售等多个行业实现智能化升级。

凭借丰富的电信和数字基建出海经验、海外运营商伙伴和本地渠道资源，以及在电信和云计算领域积累的数字化能力和海外交付资源，浩鲸科技能够为我国企业出海提供咨询服务和经验，为我国企业全球化发展提供保障，共同开拓国际市场。

2.4 路径四：连锁出海

连锁出海不仅仅是简单的开设分店，而是涉及品牌的国际化定位、运营模式的本地化调整、供应链管理的全球布局以及跨文化交流等多方面的能力构建。下面具体讲解连锁出海的几种主流模式。

2.4.1　合资联营模式

我国很多出海企业采用合资联营模式，与海外合伙人共同出资，在海外成立一家新的企业，共同承担经营风险，共享收益。这种策略能够充分利用当地合伙人的资源、人脉和市场洞察力，加速品牌在海外的发展和扩张。

海外合伙人通常对当地的市场需求、消费习惯、法律法规以及竞争态势等有深入的了解。他们拥有的本地资源和人脉网络，能够为品牌出海减少障碍，加速市场渗透。

以名创优品为例，在进军海外市场时，其积极与当地的商业伙伴合作。这些合伙人熟悉当地的商圈和消费者喜好，帮助名创优品选择合适的店铺位置，并在店铺装修和商品陈列上提供符合当地审美的建议。凭借海外合伙人的助力，名创优品短时间内就在多个国家和地区开设了门店，迅速扩大了品牌影响力。

小鹏汽车在开拓欧洲市场时，与当地的经销商和服务提供商合作。海外合伙人利用其在当地的销售网络和售后服务体系，为小鹏汽车的推广和销售提供了有力保障。同时，他们还根据当地的法律法规和市场特点，为小鹏汽车提供本地化改进建议，使其产品更符合欧洲消费者的需求。

OPPO 进军东南亚市场时，也充分利用了海外合伙人的优势。OPPO 与当地的电信运营商合作，推出定制化的手机产品和服务套餐，满足了当地消费者对通信和娱乐的需求。此外，OPPO 还与当地的营销公司合作，策划了一系列具有当地特色的市场推广活动，成功提升了品牌在当地的影响力。通过与这些海外合伙人共同努力，OPPO 在东南亚市场取得了显著的成绩，赢得了广大消费者的喜爱与信赖。

这些品牌的成功出海经验表明，海外合伙人在品牌出海过程中发挥着至关重要的作用。他们不仅能够帮助品牌降低市场风险，还能够加快品牌的本地化进程。

2.4.2　加盟模式

出海企业可以通过授权海外合作伙伴使用其品牌、商标、技术、渠道等，在海外开设加盟店或连锁店，从而快速拓展海外市场。

在加盟模式下，加盟商可以借助品牌的知名度、成熟的商业模式和支持体系，降低创业风险，提高创业成功的可能性；而品牌方则能够通过加盟商的资源和努力，快速扩大市场份额，实现品牌扩张。

以国内广受欢迎的茶饮品牌蜜雪冰城为例，其在出海过程中就采用了加盟模式，并取得了显著成效。蜜雪冰城凭借高性价比的产品和独特的品牌形象，吸引了众多海外加盟商的关注。

加盟模式具有一些明显的优势。首先，它能够借助加盟商对当地市场的了解和拥有的资源，快速打开市场。加盟商熟悉当地的消费习惯、法律法规以及商业环境，能够更有效地进行市场推广和店铺运营。

其次，加盟模式有助于分摊品牌运营风险。品牌不需要独自承担开拓海外市场的全部资金和运营压力，加盟商的投入在一定程度上减轻了品牌的负担。

然而，加盟模式并非没有缺点。对于品牌来说，如何确保加盟商严格遵循自身的质量标准是一个难题。如果加盟商为了追求短期利益而降低品质或改变经营方式，可能会损害品牌的声誉。

在蜜雪冰城的出海实践中，虽然加盟模式助力其迅速在多个国家和地区开设门店，但其也面临原材料供应、本地化口味调整等挑战。

我国品牌出海时是否应优先选择加盟模式不能一概而论。如果品牌具有成熟的运营模式、强大的品牌支持体系以及有效的质量监控手段，加盟模式可以帮助品牌快速扩张。但如果品牌还不够成熟，可能无法对加盟商进行有效指导和管理，选择直营模式或者寻找更强大的合作伙伴或许更为稳妥。

2.4.3　代理商模式

在代理商模式下，我国企业不直接参与海外市场的日常运营，而是选择具有当地市场经验和资源的代理商来推广和销售产品。代理商需要负责在当地建立销售网络、推广品牌、进行客户服务等。

常见的代理模式包括独家代理、区域代理和平行代理，它们各有特点。企业可以综合考虑自身需求、发展情况等因素，做出合理的选择。

在独家代理模式下，品牌授予一个代理商在特定市场或区域内的独家经营权。这意味着在约定的范围内，只有这一家代理商有权销售和推广品牌的产品或服务。

独家代理的显著特点是代理商拥有很大的控制权和高度的垄断性，因此他们通常会积极建立销售网络、开展市场推广活动，并努力提升品牌知名度、扩大市场份额。

然而，独家代理模式也存在一定风险。如果代理商表现不佳或未能达到预期目标，品牌可能会在市场竞争中陷入被动。此外，品牌对代理商的依赖程度较高，可能在一定程度上失去对市场的直接掌控。

名创优品曾过度依赖海外代理商，导致出现诸多问题。例如，其西班牙社交媒体账号曾发布一则帖子，将身穿中国旗袍的公主系列公仔称为日本艺伎；其巴拿马地区的社交媒体账号曾在简介中公开表明品牌源于日本。这严重影响了名创优品的品牌形象，暴露出品牌对海外代理商缺乏管理、在海外门店参与度低等问题，导致其在海外市场的品牌声誉和市场掌控力受到冲击。

区域代理模式则是将市场划分为不同的区域，每个区域指定一个代理商负责。区域代理的特点在于能够实现更精细化的市场覆盖，不同区域的代理商可以根据当地的特点和需求，制定有针对性的营销策略。这种模式在一定程度上降低了品牌对单个代理商的依赖，多个区域代理商之间还可以形成一定的竞争，促使他们不断提升业绩。

但区域代理模式可能会面临区域之间的协调和管理难题，比如利益驱动的跨区域销售、价格体系混乱等问题。

平行代理模式是品牌允许多个代理商在同一市场或区域内同时开展业务，优点是能够迅速扩大市场覆盖范围，在短时间内提高品牌曝光度和销售量。而且，品牌在代理商的选择上具有更大的灵活性。

然而，平行代理模式容易导致代理商之间激烈竞争，可能引发价格战，从而影响品牌的价格体系和利润空间。此外，品牌需要投入更多的精力来协调和管理各个代理商之间的关系。

在出海过程中选择代理商模式时，品牌需要综合考虑自身的发展战略、市场特点、风险承受能力等多方面因素，从而选择最合适的代理模式。

2.4.4　案例研究：库迪咖啡如何打开海外市场

在拓展海外市场时，库迪咖啡采取联营模式，在海外寻找区域合伙人。库迪总部提供品牌、供应链、培训以及信息化系统，而合伙人则负责进行本地化运营。区域合伙人必须拥有本地资源和团队，并且至少要有一家样板店，以进行业务运营和拓展。

库迪咖啡借助合作伙伴对当地市场的深入洞察，精准把握消费者的口味偏好、文化习惯以及市场运营规则，有针对性地调整产品和服务，确保品牌能在异国他乡成功扎根并蓬勃发展。

例如，在某国市场，合作伙伴对当地消费者对甜度的特殊要求有着深刻了解，从而协助库迪咖啡调整配方，推出更符合当地口味的咖啡饮品。

库迪咖啡自身积累的丰富品牌运营经验和优质的产品供应链，为海外市场的开拓提供了坚实保障。严格的品质控制确保每一杯咖啡都保持着高品质和稳定的口感，而丰富多样的产品线则满足了不同消费者的需求。无论是经典的拿铁、美式咖啡，还是创新的特色饮品，都在海外市场赢得了消费者的喜爱。

在海外市场布局中，库迪咖啡秉持数字化与本地化相结合的策略。通过与 Adyen 等金融科技巨头合作，库迪咖啡实现了支付流程的无缝对接和收银操作的便捷化，极大地提升了消费者的支付体验。

综上所述，联营模式为库迪咖啡在海外市场的快速扩张提供了强大的动力和坚实的支撑。借助联营模式，库迪咖啡成功地在海外市场树立了独特的品牌形象并赢得了消费者的喜爱。

第3章

市场分析：
精准找到高潜力赛道

　　出海之路，机遇与挑战并存。我国很多企业曾因忽视市场差异，在海外市场折戟沉沙；小鹏汽车却凭借精准洞察，成功进军欧洲。如何在海外市场的茫茫迷雾中，精准锁定高潜力赛道？本章将对比海内外市场，借助AI挖掘趋势，从宏观、行业、用户及竞争对手维度深入分析，并结合多样市场调研方法，揭秘企业出海制胜之道。

3.1 出海一大关：挖掘高潜力市场

挖掘高潜力市场，是企业出海征程中的一大挑战。这要求企业不仅要具备全球视野，还要深入了解目标市场的文化、消费习惯、法律法规等。通过综合分析市场规模、增长潜力、竞争态势等因素，企业可以筛选出具有发展潜力的市场，为海外布局奠定坚实基础。

3.1.1 海内外市场对比

盲目地进入海外市场往往会面临诸多风险和挑战，因此，在出海之前，对海内外市场进行对比分析显得尤为重要。具体而言，企业可以从 3 个方面来对比海内外市场，如图 3-1 所示。

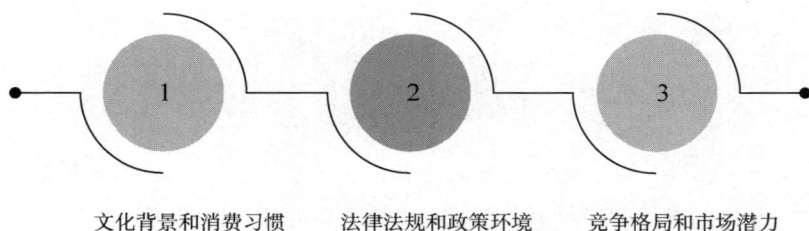

| 文化背景和消费习惯 | 法律法规和政策环境 | 竞争格局和市场潜力 |

图3-1 海内外市场对比

首先，海内外市场在文化背景和消费习惯上存在显著差异。文化差异在不同国家和地区表现得淋漓尽致，消费者的审美观念、价值取向、宗教信仰等都会对购买行为产生深远影响。在中东地区，由于宗教信仰的原因，消费者对产品的设计和包装有着特殊的要求，如避免使用与宗教禁忌相关的元素。在消费习惯方面，欧美国家消费者更注重产品的品质和个性化，而亚洲一些国家的消费者则更倾向于购买性价比高的产品。

其次，海内外市场在法律法规和政策环境上也存在不同。不同国家和地区的政策法规千差万别，涉及行业准入门槛、税收政策、知识产权保护等多个方面。例如，欧盟对于环境保护制定了极为严格的法规标准，在电子电器产品方面，对有害物质的限制极为苛刻。企业若想将电子产品出口至欧盟，必须确保产品完全符合相关标准，否则将面临高额罚款甚至被禁止进入市场。而在一些发展中国家，虽然政策法规相对宽松，但可能存在政策不稳定的情况。

最后，海内外市场在竞争格局和市场潜力上也存在差异。国内市场规模庞大，需求多样，但部分行业竞争激烈，市场饱和度较高。而在海外市场，这些领域需求正在迅速增长。

以智能家居行业为例，国内市场虽呈现出蓬勃发展的态势，但一二线城市市场渐趋饱和，增长速度开始放缓。而在东南亚地区，随着经济的快速发展以及居民生活水平的提升，人们对智能家居产品的需求正迅速增长。东南亚地区庞大的人口基数，加上较低的市场渗透率，意味着该地区智能家居市场拥有广阔的发展空间。通过对比，企业能够明确哪些海外市场具备更大的增长潜力，从而找准市场定位。

3.1.2 基于AI进行数据洞察

海外市场看似广袤无垠，实则暗礁遍布。文化差异、消费习惯的多样性如同迷雾一般，遮挡着品牌前行的视线。然而，随着 AI 技术的崛起，我国出海品牌宛如拥有神奇的"透视眼"，能够借助 AI 进行数据洞察，成功穿透重重迷雾，挖掘出海外市场潜藏的趋势与机会。

曾几何时，众多中国品牌在出海之路上屡屡碰壁。一家主营传统中式家具的企业满怀信心地进军欧美市场，却因不了解当地消费者对于简约、功能性家具的偏好，以及对环保材料的严格要求，产品严重滞销，大量库存积压如山，企业陷入了困境。这一惨痛教训，让众多出海品牌深刻认识到，在海外市场，仅凭一腔热血和传统经验远远不够，精准把握市场趋势才是制胜的关键。

如今，AI 技术的出现，为我国出海品牌带来了曙光。以云南白药旗下的采之汲为例，作为功效定制药植护肤品牌，其积极布局海外市场。在出海过程中，采之汲运用 AI 科技赋能定制护肤。通过联合高校和科研机构，采之汲建立东亚肌肤健康研究中心，构建百万东亚真人数据库，并与 IBM 和欧姆龙开发"AI 肌肤诊疗个性化定制系统"。该系统能快速识别肌底问题，评估多种肌肤动态，与真人皮肤科诊断数据匹配，为消费者精准定制药植成分产品组合。

凭借这种 AI 加持的定制化策略，采之汲在日本市场站稳脚跟，随后在"意大利博洛尼亚国际美容展"上大放异彩，吸引众多全球消费者关注，展现了东方药植与定制护肤的魅力。

我国出海品牌借助 AI 进行数据洞察，如同拥有了一把开启海外市场宝藏的金钥匙，能精准地挖掘市场趋势与机会，实现从盲目探索到精准出击的华丽转身。搭乘 AI 的快车，将有更多品牌在全球商业舞台上绽放出更加耀眼的光芒，书写属于中国品牌的辉煌传奇。

3.1.3 案例研究：小鹏汽车是如何选定欧洲市场的

近年来，我国汽车行业似被阴霾笼罩，衰退之势渐显，曾经主流的"中外合资"模式也逐渐瓦解。然而，正所谓"绝境逢生"，我国诸多车企将目光投向欧洲市场，试图在那片遥远的大陆上挖掘全新的增长点，开启一段突围之旅。

小鹏汽车作为造车新势力中的无畏先锋，率先勇闯欧洲市场。2020 年 9 月，100 台小鹏 G3i 超长续航智能 SUV 从广州起航，驶向挪威，如同驶向未知战场的先头部队。三个月后，小鹏 G3i 便在挪威的 28 个城镇交付翘首以盼的用户手中。这标志着小鹏成功撕开了欧洲市场的口子，正式开启了在欧洲的征程。

为了进一步巩固在欧洲市场的地位，2021 年，小鹏汽车在阿姆斯特丹设立欧洲总部，并在丹麦、德国、挪威、瑞典等地设立办事处。在销售模式上，小鹏大胆创新，采取"直营＋授权"的新零售模式，双管齐下：直营店负责塑造品牌形象，授权店则负责提升销量。

小鹏为什么选择欧洲作为国际化战略的首站？

（1）欧洲是除我国外新能源汽车渗透率最高的地区之一，对新能源汽车的接受度高，市场潜力巨大。

（2）欧洲各国政府对新能源汽车支持力度大，出台了多项补贴政策，且这些政策有延长时限的趋势。例如，德国的补贴政策从原计划2020年结束延长至2025年。

（3）与北美市场相比，欧洲市场竞争相对缓和，可以减轻直面强大竞争对手的压力。例如，特斯拉在欧洲的销售表现不如其他区域，为我国品牌留下了空间。

（4）欧洲经济基础坚实，能承担建设充电桩等基础设施的成本。

为了确保出海战略成功实施，小鹏进行了深入的市场分析。通过了解不同国家和地区新能源汽车渗透率的变化趋势，以及目标市场的宏观经济、政治、法律环境和社会文化特点，并关注当地消费者偏好和技术接受程度，小鹏相应地调整产品定位和服务模式。例如，在产品设计上注重功能的智能化、推出右舵驾驶版本汽车等。

小鹏还积极应对风险和挑战，比如欧盟对我国产出口电动汽车加征关税的问题，以及如何在当地建立有效的销售和服务网络等。为此，小鹏采取了一系列措施，包括与当地经销商合作、设立办事处或体验店、参与重要展会（如巴黎车展）等，以提升品牌影响力，扩大市场份额。正如一场惊心动魄的航海冒险，小鹏凭借其敏锐的市场洞察力和强大的执行力，正在走向一个更加光明的未来。

3.2　从4个维度分析市场

相较于国内市场，海外市场洞察面临更多挑战，如空间距离、语言差异等物理层面的限制，文化习俗、价值观等心理层面的障碍。虽然在流程上可能存在差异，但是国内和国外市场洞察都是从宏观、行业、用户、竞争对手4个维度分析市场。

3.2.1　看宏观：政治、法律、政策等

出海企业的经营往往跨越多个国家，因此了解宏观格局至关重要。在进

入一个新的市场前，企业首先需要考量当地政治环境的稳定性以及与我国的关系是否良好。

除了评估政治风险，企业还须关注目标市场的行业法规和政策，如税率、补贴、外来投资限制等。以沙特阿拉伯为例，该国虽为产油大国，十分富裕，但工业与科技基础薄弱。为了推动产业升级，沙特阿拉伯于 2017 年启动国家可再生能源计划（NREP），作为其"2030 愿景"的一部分，并承诺 2060 年实现净零排放。我国作为新能源大国，为沙特阿拉伯进行能源转型提供强大助力，我国的晶科、隆基绿能、阳光电源、TCL 中环等企业都已进入沙特市场。

再以美国市场为例，两部关键性法律——《谢尔曼反托拉斯法》与《克莱顿反托拉斯法》对企业在市场中的竞争行为设立了严格的法律框架。在进入美国市场时，如果企业未能充分了解并遵守这些法律，可能会因市场推广、定价策略或企业合并等方面的疏忽，而面临高额罚款乃至法律诉讼的风险。具体而言，定价行为中，任何与竞争对手达成的价格协议，或采用不正当手段削弱竞争对手市场地位的行为，均可能触犯反托拉斯法。

在欧洲，特别是欧盟市场，《通用产品安全条例》要求企业对其在欧盟销售的产品承担严格的安全责任。如果企业出口的产品未能达到该条例所规定的安全标准，将面临召回的风险，这不仅会导致企业承受巨大的经济损失，还会对品牌声誉造成不可挽回的损害。

此外，新兴市场，如印度，其政策与法律处于动态变化之中，可能对企业的投资和运营产生深远影响。因此，企业在进入这些市场时须保持高度警觉。

在印度的中国手机产业链上的一些中小工厂，被印度政府频繁进行税务审查并开出巨额罚单。有一家小型手机零部件生产企业在印度经营多年，公司营业额 8 亿元，账上现金只有 1 亿元。但因印度"查税事件"，账户被冻结，还被罚款 6 亿元。该企业难以承受巨额罚金，最终只能惨淡收场，以倒闭告终。这家企业在出海印度时，没有充分考虑到印度政府可能会利用税务手段对外国企业进行审查和处罚等政治、政策方面的风险，导致了最终的失败。

品牌出海时还需深入调研并严格遵守当地的劳动法律法规。以德国为例，德国涉及劳动用工的规定分散在多部法律中，企业应对此有所了解，遵守各项法律法规，以避免劳动纠纷。

3.2.2 看行业：评估行业在海外的前景

在进入海外市场前，企业必须审慎评估所在行业在目标市场的发展前景。而这并非仅凭直觉或经验就能轻松做出的简单决策，许多出海企业都曾因此栽过跟头。

一位提供出海营销服务的创业者曾分享他在马来西亚的失败经历。在泰国和印度尼西亚市场取得成功后，他过于乐观地认为马来西亚市场也会同样顺利。于是，他在马来西亚投入了大量时间和资源，服务了众多头部品牌，公司规模逐渐扩大。然而，经过财务测算后，他却发现这笔生意在马来西亚并不划算。他总结道，即便作为服务商拥有差异化的能力和更全面的服务，也难以改变某些国家市场的固有水位。

那么，如何科学地评估行业在海外市场的前景呢？这需要对目标市场的规模、增长速度、利润水平以及配套生态进行全面调研。理想的情况是，海外目标市场规模庞大（规模超过千亿元），毛利丰厚（加价率高达 3 ～ 4 倍，毛利率超过 60%），客户复购率高（一年 3 次以上复购），且货损率较低。然而，这种理想情况往往不存在，而且出海企业还须面对各项成本的增加，因此通常需要以高于国内的毛利来抵消这些成本。

在评估企业能在目标市场实现多高的毛利水平时，实地调研必不可少。企业需要深入了解当地市场情况，包括消费者需求、竞争格局等。同时，企业还须结合自身的长短板进行测算，以确定自身在目标市场的盈利能力和发展空间。

增途资本创始合伙人张宇凡曾分享一个新兴市场中的典型案例。国内瓷砖产业上市公司的净利水平普遍较低，一般在 3% ～ 5%。然而，他在非洲参观的一家瓷砖企业却表现出色，年收入在 30 亿～ 40 亿元，净利润超过 10 亿元，净利率高达 30%。这一案例充分说明了不同行业在不同国家、不同发展阶段和竞争态势下，利润水平存在显著差异。因此，企业在出海前必须进行深入的行业评估，以确保在目标市场中拥有广阔的发展前景。

3.2.3　看用户：了解海外受众+KOL助力

在出海企业的市场探索中，看用户是关键一环，它标志着企业从宏观和行业研究进入核心的主体研究阶段。虽然众多出海企业秉持"用户至上"的理念，但深入洞察并服务好海外用户对它们来说仍颇具挑战性。

明确用户身份是看用户的首要任务，即绘制精准的用户画像。添可作为我国知名的智能清洁电器品牌，在拓展海外市场时，借助 AI 技术对海量用户数据进行深度剖析。通过整合电商平台、社交媒体以及产品使用反馈等多渠道数据，AI 系统对用户的身份属性如年龄、性别、地域分布等进行精准识别。同时，针对用户在社交媒体上分享的清洁体验、对不同功能的评价等非结构化数据，AI 运用自然语言处理技术进行深度学习。

例如，AI 发现欧美地区年轻用户在社交媒体上频繁提及对清洁设备智能化、便捷操作以及时尚外观的需求。基于此洞察，添可对产品进行针对性优化，推出具有智能互联功能、外观设计简约时尚的无线吸尘器，迅速在欧美年轻市场获得青睐，销量大幅增长。

对于 To C 企业而言，绘制用户画像的第一步是整合和清洗各渠道中的用户数据，为用户贴上能够体现其身份属性（如性别、年龄、居住地等）和消费行为（如购买力、购买渠道、消费频率等），且能够被 CRM（Customer Relationship Management，客户关系管理）和 MarTech（营销科技）工具识别的标签。国外主流的 CRM 和 MarTech 工具有 Zoho、Salesforce、SAP 等，国内的数云、销帮帮、纷享销客、神策数据等企业也随客户出海而开展海外用户运营业务。

然而，海外数据法规严苛，如欧盟《通用数据保护条例》，严格规范个人信息使用，违规者将面临巨额罚款。因此，获取用户主动反馈越发重要，企业不仅要洞悉用户的消费行为，还要把握其内容偏好。

在用户洞察方面，KOL 发挥着重要的作用。通过赞助内容或赠礼，企业可以借助 KOL 讲述品牌故事并收集粉丝反馈和建议。目前，国内的一些服务商，如抖鹦传媒、卧兔网络、映马传媒等，都专注于为出海企业提供连接海外 KOL 的服务。

To B 出海企业虽然目标客户明确，但清楚地了解其组织架构、找准关键决策人并不容易。发达国家中的大型企业采购流程往往较为复杂，对我国出海企业的售前能力、财务合规体系等要求颇高。而且，我国 To B 企业出海还面临海外市场对我国产品和品牌有偏见等问题。对此，企业须耐心、真诚，甚至可以借助当地人拓展业务，同时重视从客户现场获取一手信息。

3.2.4　看竞争对手：掌握竞争情况

在出海时，企业应深入了解目标市场中竞争对手的发展情况，以明确自身的市场定位。这包括全面了解竞争对手产品的独特优势和卖点，深入洞察其市场拓展、定价、宣传推广等策略。通过仔细研究这些方面，企业可以发现市场空白和潜在发展机遇，从而制定精准有效的出海战略。

以比亚迪为例，在拓展海外市场的过程中，其对竞争对手进行了深入调研，如图 3-2 所示。当比亚迪进军欧洲新能源汽车市场时，其面临着来自传统汽车巨头及新兴电动汽车品牌的双重竞争挑战。

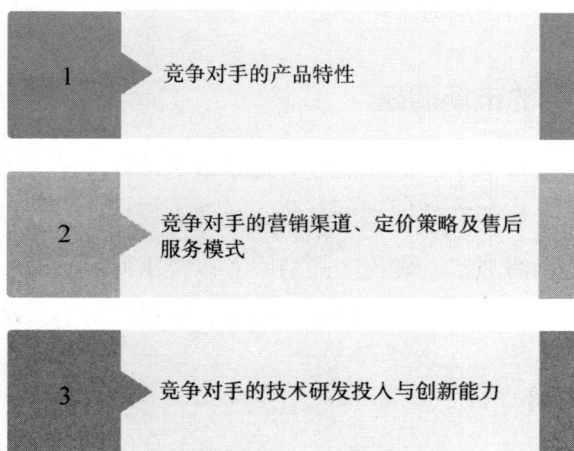

1	竞争对手的产品特性
2	竞争对手的营销渠道、定价策略及售后服务模式
3	竞争对手的技术研发投入与创新能力

图3-2　比亚迪竞争对手调研的3个方面

　　首先，比亚迪对竞争对手的产品特性进行了详尽的分析。它细致研究了特斯拉、大众等品牌在车型设计、续航里程、智能化配置等方面的优势与短板。通过对比，比亚迪识别出自身在电池技术与成本控制方面的优势，同时也意识到自己在品牌知名度与车辆设计时尚感方面尚存在提升空间。

　　其次，在市场策略层面，比亚迪密切关注竞争对手的营销渠道、定价策略及售后服务模式。例如，部分竞争对手凭借大规模的广告投放与品牌推广活动迅速提升品牌知名度，而另一些则通过与当地经销商建立紧密合作关系来拓展销售网络。比亚迪在汲取竞争对手成功经验的基础上，结合自身特点制定了更具针对性的市场推广与销售策略。

　　最后，比亚迪还对竞争对手的技术研发投入与创新能力进行了评估。了解到部分竞争对手在自动驾驶技术与车联网领域的领先布局后，比亚迪加大了对这些领域的研发投入，持续提升自身技术实力，以保持市场竞争力。

　　经过对竞争对手的全面剖析，比亚迪精准地把握行业动态，并确立了清晰的市场定位，成功构建了差异化的竞争优势。在巩固并持续扩大技术优势的基础上，比亚迪致力于对产品与服务进行深度精细化优化。这使其在海外市场稳扎稳打，实现了迅猛发展。

　　总之，通过深入分析竞争对手，企业能够更好地找准自身定位，制定出更具针对性和竞争力的出海策略。

3.3　必不可少的市场调研

　　对海外市场进行调研不仅能够帮助企业精准把握海外市场的脉搏，深入洞察消费者需求，还能有效规避潜在的文化和市场风险。可以说，海外市场调研是企业制定出海战略、优化产品与服务以及出海后实现本地化运营的坚实基础，能够助力企业在海外市场乘风破浪，赢得广阔的市场。

3.3.1　一手调研

　　在出海过程中，如果企业想精准把握市场需求，制定有效的市场策略，一手调研不可或缺。它不仅能够为企业提供宝贵的市场信息，还能为海外业务发展提供针对性的指导。下面介绍几种常用的一手调研方法，如图 3-3 所示。

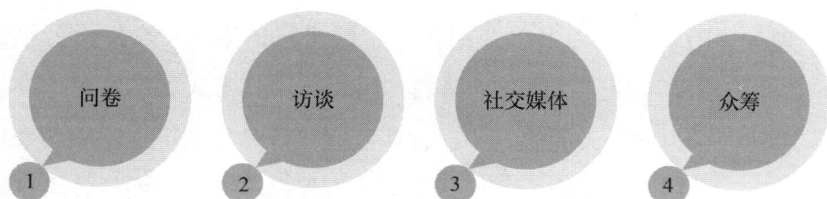

图3-3 常用的一手调研方法

1. 问卷

企业可以根据自身的特定需求量身定制问卷内容，从而收集到高度相关的信息。为了提升效率，企业可以选择线上渠道发放问卷，如 App、电话、短信、邮件或专门的问卷网站（如 GlobalTestMarket、Survey Junkie 等）。企业也可以采用线下方式，在人流量大的区域或品牌门店发放问卷，通过赠送小礼品或优惠券吸引消费者参与。

投票在广义上可视为问卷调查的一种特殊形式。下面用一个小案例讲解其在获取一手调研方面的有效性。2022 年，作者在美国通过一位拥有较大粉丝量的 KOL 发起了一个关于时尚手环设计评分的投票活动。利用 KOL 的强大粉丝群体，由粉丝投票，为三款手环评分。

投票时间截止后，票数最多的手环的投票者可免费获得一个价值 199 美元（成本 15 美元）的时尚手环，限量 100 个。此次活动总花费为 5000 美元，具体包含 KOL 费用 3000 美元、手环成本 $15 \times 100 = 1500$ 美元、运费 500 美元。

通过此次活动，作者获取精准投票客户超过 2000 个、精准潜在购买客户 100 个，100 个获奖客户在个人社交媒体账号上发布的信息浏览量超过 3000 次。更重要的是，确定了三款设计中最具市场潜力的设计款式，为未来的市场拓展提供了有力的依据。

对比传统 Google/Facebook 广告投放，这次投票活动无论是在成本投入、客户群体收益，还是在长期效果方面，都展现出碾压式的优势。这也进一步证明了一手调研在海外市场调研中的重要性和有效性。

2．访谈

访谈通常以企业为中心，邀请少量具有代表性的用户在线下进行深入交流，以获取真实、细致的用户需求和产品使用场景等信息。这种方法在《营销学原理》中有所提及，书中介绍了一个迪士尼的案例：该公司每年邀请175～200位活跃于社交媒体和社区的"妈妈"及其家人到佛罗里达参与优惠旅行活动。在为期4天的旅行中，这些家庭可以参与迪士尼组织的娱乐活动和研讨会。对迪士尼而言，这种访谈形式不仅成本低廉，而且效果显著。

3．社交媒体

社交媒体在海外市场调研中扮演着重要角色。无论是对于 To B 还是 To C 企业，社交媒体都是获取用户、了解用户、维系用户的重要平台。企业可以利用 Facebook 的群组、WhatsApp 的私域群、TikTok 的互动功能、Reddit 的提问板块等，与潜在用户建立联系，收集他们的意见和建议。

4．众筹

众筹平台不仅能够帮助出海企业筹集启动资金，还在用户需求洞察、产品市场接受度测试、获取直接的市场反馈等方面发挥着重要作用。我国出海企业常用的众筹平台是 Indiegogo、Kickstarter 等。

例如，我国某智能手表品牌进入欧洲市场时通过 Indiegogo 进行众筹测试。其详细地描述产品功能、设计亮点、使用场景等，搭配高清图片、演示视频，让潜在支持者直观了解产品。在项目介绍或更新板块，其还巧妙地融入调研问题，如："您希望这款智能手表增加以下哪种功能？ A.睡眠监测更精准；B.续航能力提升；C.增加支付功能""您对智能手表的外观设计有什么建议？"引导支持者分享真实想法。

综上所述，一手调研在海外市场调研中发挥着举足轻重的作用。企业应根据自身需求，选择合适的调研方法，深入挖掘市场潜力，为业务发展奠定坚实基础。

3.3.2　第三方信息

除了进行一手调研，企业还可以利用第三方信息，以了解目标市场的整体状况，深入挖掘特定用户群体的兴趣点。

新闻媒体是获取市场信息的重要渠道。除了关注目标市场主流的综合媒体，企业还应关注与自身产品或服务相关的垂直媒体。例如，CNET.com、TechCrunch 等科技媒体专注于科技领域，能够为企业提供有关新技术、新产品以及市场动态的宝贵信息。

研究报告则能帮助企业从宏观和群体的角度洞察用户。企业应密切关注知名调研公司和咨询公司发布的主题报告，这些报告通常包含对市场趋势、消费者行为以及竞争格局的深入分析。企业还可以在 Content Crowd、TalkingData、Euromonitor（欧睿）等网站上搜索关键词，获取更多有价值的市场研究资料。

此外，数据平台也是企业获取海外市场信息的重要途径。Index Mundi、Nation Master（国家大师）、Google Trends（谷歌趋势）等平台提供了丰富的宏观经济数据和市场趋势分析；而 SimilarWeb、Alexa、Flurry 等数据分析工具则能帮助企业了解竞争对手的网站流量、用户行为及表现；Adbeat、App Growing、Data.ai、Statista 等平台提供丰富的市场数据和洞察，助力企业做出更加明智的决策。

3.3.3　专业服务机构

在进军海外市场的过程中，如果企业预算充裕，可以聘请专业服务机构进行海外市场调研。这些机构包括知名的调研公司，如凯度、尼尔森、益普索、盖洛普等，以及顶尖的咨询公司，如贝恩、麦肯锡、埃森哲、波士顿咨询等。

专业服务机构通常拥有丰富的市场调研经验和深厚的行业洞察力，能够为企业提供全方位、多层次的市场调研服务。它们不仅具备强大的数据采集和分析能力，还能根据企业的具体需求，为其提供定制化调研方案，确保调研结果准确、可信。通过与这些机构合作，企业可以更加深入地了解目标市场的消费习惯、文化习俗、竞争格局以及政策法规，为制定科学合理的市场进入策略提供有力支持。

此外，专业服务机构还能帮助企业识别潜在的市场机会和风险，评估不同市场进入模式的可行性，以及提供关于产品定位、品牌建设、营销推广等方面的专业建议。

许多出海企业在完成市场调研后容易陷入一个常见的误区，即依赖第三方公司或内部团队完成调研并生成报告就结束了，既未将调研结果与业务实践相结合，以指导产品和服务优化，也未将市场洞察流程化、标准化，构建一套以洞察为驱动力的标准化操作程序和组织能力。这种单纯为了调研而调研的做法，只是流于形式，对企业实现出海战略和业务目标并无实质性帮助。

为了破解这一难题，企业的管理团队和负责市场洞察的部门（通常是市场或营销部门）必须深刻认识到市场洞察对业务发展的重要性，应以科学的顶层设计为引领，推动各部门积极参与市场洞察，并充分利用市场洞察结果来驱动业务持续优化。换言之，企业需要在内部构建一个以用户为导向的价值链，确保各部门之间紧密衔接，共同为实现企业的战略目标贡献力量。

第04章

用户开发：
吸引用户并长久留存

经济全球化的迅猛发展改变了既往的商业规则，企业可以不再只局限于本土市场，而是可以在全球范围内开发用户。本章将借助小米在新兴市场的广泛布局、Yeedi 针对年轻消费群体的战略调整及 HTVRONT 借助社交媒体平台积累私域流量等案例，深入探讨出海企业应如何有效开发用户、进行私域运营，实现从"流量"到"留量"的转化。

4.1 获客之道：吸引海外用户

在拓展海外市场的过程中，引流获客是品牌顺利进入市场的关键环节。掌握获客的"三度原则"和获取第一批种子用户的方法，通过线上渠道和线下渠道双管齐下，出海品牌可以快速获取广泛的用户。

4.1.1 "三度原则"：广度、深度、黏度

在当今竞争激烈的海外市场中，出海品牌获客不应仅追求数量，还要追求质量与深度。遵循获客"三度原则"——广度、深度、黏度，企业才能在茫茫人海中找到真正的忠实用户。

1. 广度：扩大覆盖范围，触达更多潜在用户

在广度方面，出海品牌要尽可能广泛地接触目标市场的消费者群体。这意味着品牌不仅要进入那些已经被充分开发的大城市或发达地区，还要开拓未被重视的小众市场或者新兴经济体。

以小米为例，其积极布局全球市场，不仅在亚洲、欧洲等经济较为发达的地区开设线下门店和线上销售渠道，还深入非洲、拉丁美洲等新兴市场。2024年第三季度，小米手机业务在全球主要市场的份额均超过10%，如图4-1所示。

截至2024年12月，小米全球月活跃用户已达6.86亿，小米海外官方应用商店已进入全球100多个市场。在2024年12月27日的"人车家全生态合作伙伴大会"上，相关负责人透露，小米将在未来5年在海外开设1万家小米之家，旨在进一步拓展海外市场，触达更多海外用户。

2. 深度：提供定制化解决方案，建立深厚连接

仅仅拥有广泛的用户基础是不够的，品牌还需要深入了解用户的特定需求，并据此提供高度定制化的服务或产品，以加深与用户之间的联系。

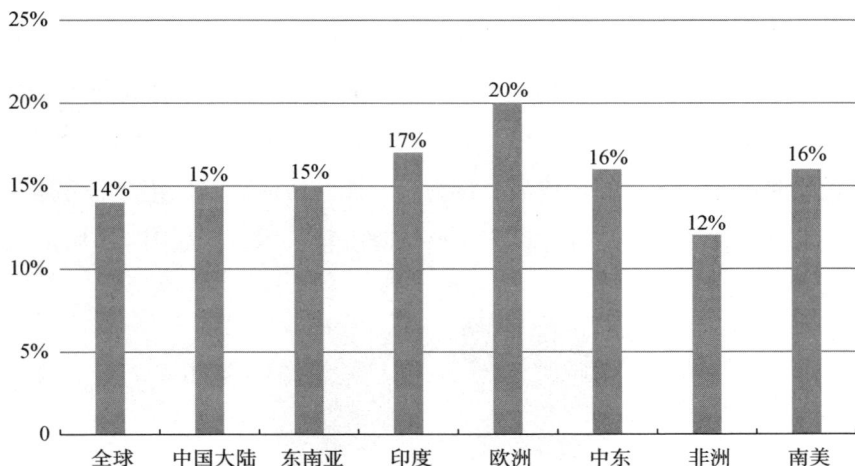

图4-1 小米手机业务在全球主要市场的份额

例如，大疆针对海外摄影爱好者和专业影视制作团队，推出了一系列不同级别、功能各异的无人机产品。从适合初学者的入门级机型，到具备高清拍摄、长续航、复杂环境适应能力的专业级产品，满足了用户在不同拍摄场景下的需求。而且，大疆还为用户提供详细的操作教程、飞行技巧培训以及售后维修服务，深入用户使用无人机的每一个环节，帮助用户更好地发挥产品价值，与用户建立了深度的联系。

3. 黏度：持续创造价值，培养忠实粉丝

出海品牌要通过优质的用户体验和持续的互动来提升用户忠诚度，使用户成为品牌的忠实拥趸。例如，Anker（安克）作为一家知名的智能充电品牌，始终坚持以用户为中心，根据用户需求进行产品研发和技术创新。安克非常重视对目标市场的研究，设立了专门的CI（Customer Insights）用户洞察部门，通过线上、线下及第三方调研的方式收集用户反馈。这使得安克能够准确把握不同国家和地区用户的偏好和痛点，进而开发出更贴合当地市场需求的产品和服务。

品牌出海不仅仅是把产品卖出去那么简单，更要在广度、深度和黏度上下功夫，挖掘并培养忠实的海外用户。只有这样，品牌才能在海外市场实现可持续发展。

4.1.2 如何吸引第一批种子用户

种子用户是那些在品牌刚进入海外市场时，就对产品表现出浓厚兴趣并愿意购买的个人。种子用户对出海品牌在海外市场的初期运营和发展至关重要，他们是品牌形成口碑传播的关键力量，能够帮助品牌优化产品和服务。

出海品牌需要精心设计一系列策略来吸引种子用户，如图 4-2 所示。

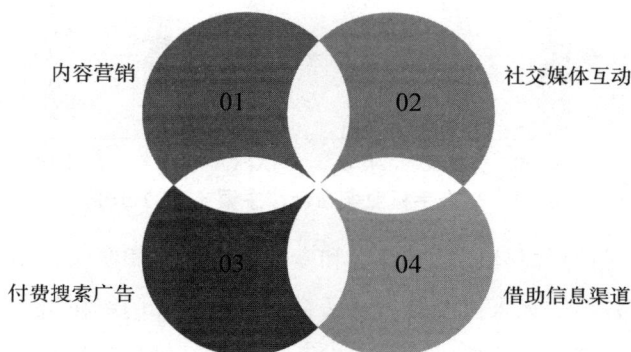

图4-2　出海品牌吸引种子用户的策略

1. 内容营销

内容营销是出海品牌与潜在用户建立连接的重要桥梁。通过创作高质量、针对性强的内容，品牌可以为用户提供切实有用的信息，从而激发他们对品牌的兴趣。

以义乌的傅江燕为例，她经营着一家跨境袜子小店，产品主要出口至亚洲、非洲、南美地区，每年销量可达 2000 万双。DeepSeek 爆火后，傅江燕敏锐察觉到其中商机。她仅须对着镜头说出简单数字，如"一二三四五"，录制口型视频，再配合 DeepSeek 产出的文案，相关 AI 小程序就能在短短 10 分钟内生成阿拉伯语、西班牙语等多语种配音的推广视频，并且还能依据不同地区客户偏好匹配适配的背景音乐。

这些精心制作的多语种视频，被傅江燕发布在 TikTok、Facebook 等海外社交媒体平台上。一位来自也门的客户正是看到她的阿拉伯语带货视频后，前往店铺咨询产品并达成合作。

2. 社交媒体互动

社交媒体是出海品牌与目标市场用户互动的重要平台。例如，我国智能珠宝品牌 totwoo 在 Facebook、TikTok、Instagram、X（原 Twitter）等海外主流社交媒体平台上进行全方位布局，积极分享产品信息、回复用户评论和私信，与用户建立起紧密的情感连接。尤其是在 TikTok 平台上，凭借有趣、吸睛的内容，totwoo 积累了 41 万粉丝和 460 万点赞量，品牌知名度与用户黏性不断攀升。

3. 付费搜索广告

对于急于获取种子用户的出海品牌来说，付费搜索广告（如 Facebook Ads、Instagram Ads、Google Ads 等）是一种快速且有效的手段。以安克旗下智能家居品牌 eufy（悠飞）为例，在进入海外新市场时，eufy 利用 Google Ads 在搜索引擎结果页面上展示广告，吸引正在寻找智能家居解决方案的用户。通过关键词匹配、地理位置限制等定向技术，eufy 确保广告只呈现给最有可能转化为种子用户的人。这不仅提高了广告的投资回报率，还使得 eufy 在短时间内积累了大量高质量的种子用户。

4. 借助信息渠道

与已经拥有庞大用户基础的应用程序等信息渠道合作也是一种非常明智的选择。以视频通话应用 YeeCall 为例，其在进军海外市场时，与茄子快传（海外称 SHAREit）合作。茄子快传凭借自身海量的用户资源，在应用内对 YeeCall 进行智能推荐，帮助 YeeCall 在短时间内获得上万名种子用户。

综上所述，出海品牌要想吸引到优质的种子用户，可以综合运用多种方法，全方位地触及潜在用户的心智，构建起稳固而强大的用户基础。

4.1.3 线上获客VS线下获客

线上获客渠道丰富多样，具有广泛的覆盖面和较强的信息传播能力。通过社交媒体、电子邮件营销、搜索引擎优化等方式，品牌可以在全球范围内快速触达潜在用户，打破地域限制。例如，利用 Facebook、Instagram 等社交媒体平台，品牌可以创建官方账号，发布产品信息、公司动态等内容，吸引潜在用户关注并与之互动；通过谷歌广告等付费搜索广告，品牌能够在搜索引擎结果页面上展示广告，吸引用户点击进入网站。

线上获客的成本较低，能够以较少的投入获得更高的曝光率和转化率。而且，线上渠道可以提供 7×24 全天候服务，不受时间和地域限制，方便潜在用户随时了解品牌和产品信息。

然而，线上获客也存在一定局限性。首先，线上获客依赖技术和运营能力，如果缺乏有效的数字营销技巧，可能会导致流量不稳定。其次，网络环境瞬息万变，品牌需要不断适应新趋势和新技术，且线上信息过载现象严重，品牌信息容易被淹没。

尽管线上渠道发展迅速，但线下渠道仍然占据着重要的地位。线下渠道能让品牌与潜在用户进行面对面交流，有助于建立更深厚的信任关系和情感连接。例如，在线下行业展会上，企业可以展示产品，直接与潜在用户沟通，了解他们的需求和反馈，同时也能直观地了解行业动态和竞争对手情况；在线下开设快闪店、体验店等，能为消费者提供独特的产品体验，增强品牌记忆度。

线下获客还可以利用当地的资源和渠道，与当地的商会、行业协会等组织建立合作关系，借助其平台和资源，提升品牌的曝光度。与当地的代理商、中间商合作，有助于品牌更快地进入当地市场，解决语言、文化等方面的问题。

不过，线下获客成本相对较高，受地域和时间的限制较大，覆盖范围相对较窄，无法像线上渠道那样快速触达全球各地的潜在用户。

品牌出海不应单纯依赖线上或线下某一种获客方式，而应将两者有机结合，将线上吸引的潜在用户转化为实际购买者，并通过用户的口碑传播进一步扩大品牌影响力。

4.2 海外用户画像：受众是什么样

"用户画像"这一概念最早由交互设计之父艾伦·库伯在《About Face 4：交互设计精髓》一书中提出，是从用户的社会属性、消费行为、生活习惯等信息中抽象出的标签化用户模型。用户画像可以帮助出海企业精准地定位目标受众，深入洞察他们的需求和痛点，有针对性地打造产品、制定市场策略，提升品牌忠诚度和价值创造能力。

4.2.1 用户画像不精准导致拓客受阻

在出海过程中，不少企业遭遇用户画像不精准导致拓客受阻的挑战。例如，国内一家做烤炉代工的小厂商，决定打造自己的烤炉品牌进入美国市场。最初，该厂商将烤炉命名为"YOYOGrills"。然而，该厂商没有深入了解美国市场，没有意识到烤炉在美国的主流消费者是40～45岁的中年男性，且市场集中在崇尚粗犷野性的得克萨斯州。而"YOYO"这个名称在美国消费者眼中带有幼稚感和少女感，与目标消费人群的风格极不匹配。最终结果是，该品牌备货500台，发到美国仅卖出5台，业绩惨淡。

另一典型案例是一款果实烘干机。在国内市场上，这款产品定位为"制作宝宝健康零食"，主要面向关注孩子健康的宝妈群体。在海外市场，消费者主要将果实烘干机用于烘干宠物食品，而非制作宝宝零食。品牌方在进入海外市场前未能提前洞察这一差异化需求，导致营销策略失效。由于产品的宣传重点与实际用途不符，消费者对其产生了误解，进而影响了购买意愿。此外，品牌方高价聘请国内设计师打造的产品包装因审美差异（如色彩搭配、视觉元素）被海外用户诟病，直接影响转化率。

上述两个案例深刻揭示了用户画像不精准给品牌出海带来的巨大挑战，表明企业在出海前必须全面了解目标市场的消费者需求、文化背景和社会环境。只有绘制精准的用户画像，才能制定出有效的市场推广策略，提升拓客效率和效果。

4.2.2 如何绘制海外用户画像

为了避免用户画像不精准导致拓客受阻，我国企业需要在进入海外市场前进行深入的市场调研，利用高质量的用户数据绘制精准有效的用户画像，具体步骤如图4-3所示。

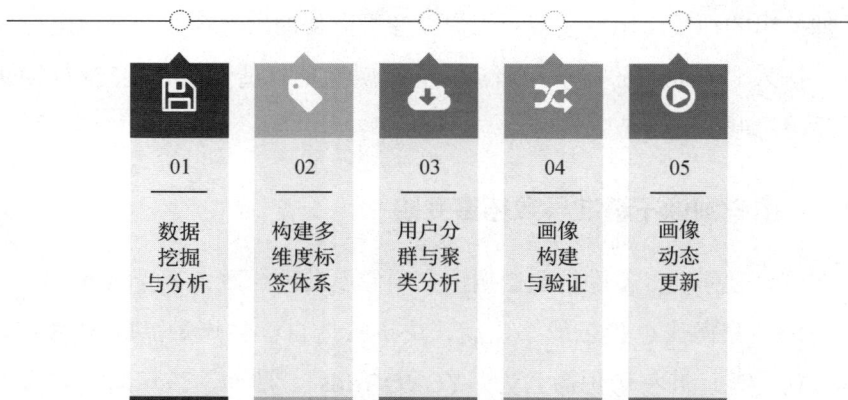

01	02	03	04	05
数据挖掘与分析	构建多维度标签体系	用户分群与聚类分析	画像构建与验证	画像动态更新

图4-3 绘制用户画像的步骤

第一，出海企业要对清洗后的数据进行深度挖掘与分析。通过运用先进的数据分析工具和 AI 算法，从海量数据中提取出有价值的信息。例如，通过分析电商平台的交易数据，了解用户购买产品的种类、价格区间、购买频率等；借助社交媒体数据，洞察用户的兴趣话题、社交互动行为和关注的品牌等。

第二，构建多维度标签体系。标签是用户信息的高度精练，出海企业可以从基本属性维度，标注用户的年龄、性别、地域、语言偏好等；从消费维度，标记用户的消费能力、品牌忠诚度、购买渠道偏好等；从兴趣爱好维度，标记用户对文化、艺术、体育、科技等领域的偏好程度；从生活方式维度，标记用户的出行习惯、家庭结构等。

第三，用户分群与聚类分析。有了完整的标签体系之后，就可以进一步运用聚类分析方法将相似类型的用户归为一类，形成不同的用户细分群体。

第四，画像构建与验证。基于标签体系和用户群体细分结果，为每个用户群体构建具体的用户画像。画像应包括用户的典型特征、行为习惯、消费偏好等。同时，采用多种方法，如数据来源验证、内部一致性检验、外部对比分析等，对构建的用户画像进行验证。此外，还可以邀请部分真实用户参与测试，收集他们对于画像的看法和建议，作为改进的重要依据。

第五，画像动态更新。海外市场处于动态变化中，用户的行为、偏好和需求也在不断变化。出海企业应建立常态化的用户画像动态更新机制，确保用户画像始终反映市场的最新动态和用户的真实状态。例如，随着海外流行文化趋势的转变，用户对时尚产品的风格偏好可能发生变化，企业须及时捕捉这些变化，更新用户在兴趣爱好和消费行为等维度的标签和画像，以便在产品设计、市场营销和客户服务等方面迅速做出调整。

4.2.3 案例研究：Yeedi瞄准年轻消费群体

近年来，硬件配置不断升级，技术附加值一路飙升，扫地机器人价格如同脱缰野马，一路狂飙。高昂售价令很多消费者望而却步，整个市场陷入惨烈的红海厮杀，甚至出现通缩的迹象。

在这场价格大战中，部分品牌敏锐地察觉到市场变化，主动调整价格策略，探寻价格下降的空间。Yeedi（一点）便是其中之一，作为科沃斯旗下专注于 500 美元以下价格区间的全资子品牌，其以破竹之势闯入大众视野。它瞄准年轻消费群体，凭借高性价比优势，剑指大众扫地机器人市场。

Yeedi 怀揣着"让更多年轻人拥有属于自己的第一台扫地机器人"的美好愿景，从经济成本、交互便利性以及使用体验等多个维度全面出击，力求打破高端配置扫地机器人价格的坚冰，让科技惠及大众。

2024 年，全球扫地机器人市场迎来爆发，出货量达 2060.3 万台，同比增长 11.2%。而我国市场在以旧换新及国补的强力拉动下，出货量飙升至 538.9 万台，同比增长 6.7%。全球扫地机器人市场规模呈现出持续扩张的态势，无疑为我国扫地机器人品牌出海铺就了一条黄金大道，而 Yeedi 已然成为这条路上的先锋。

在海外市场，Yeedi 精准聚焦年轻用户群体，如刚毕业租住公寓的大学生、年轻白领、养宠物的年轻用户等，全力塑造"超懂年轻人的轻智能生活方式探索者"的定位，产品研发重点聚焦于清洁能力的提升，并依据不同的消费群体特征进行差异化设计。例如，Yeedi 特别关注年轻养宠用户这一细分群体，深入挖掘养宠家庭在清洁方面的痛点与潜在需求，以此为导向进行产品研发，推出人宠友好型智能清洁产品。

在亚马逊平台上，Yeedi 的多款扫地机器人产品收获了超过 3000 条用户评价，其中 vac station 系列吸尘器的累计评价数量突破 1.4 万条，其在海外市场的受欢迎程度可见一斑。

在 2024 年"黑色星期五"（2024 年 11 月 29 日）和"网络星期一"（2024 年 12 月 2 日）购物狂欢节期间，Yeedi 火力全开，推出了一系列极具吸引力的促销活动，活动时间从 11 月 11 日一直延续至 12 月 2 日。

其旗舰产品 C12 COMBO 集机器人吸尘器、对接站、无绳手持吸尘器于一体，原价 899 美元，活动价竟直降至 569.99 美元，跳水幅度高达 329 美元，性价比爆棚。除此之外，Yeedi 其他多款机型的优惠力度也很可观，如 M12 ULTRA PLUS 原价 1099 美元，活动价 619.99 美元，直降 479 美元。

Yeedi 产品线丰富多样，从入门级到高端配置一应俱全，能够全面覆盖不同层次消费者的多样化需求。通过本次促销活动，Yeedi 以更实惠的价格让更多海外消费者体验到其先进的清洁技术所带来的便捷生活方式，进而在海外市场继续攻城略地，持续扩大市场版图。

4.3 通过私域连接用户

与搜索引擎、电商平台、社交媒体平台等公域相比，社群、自有 App、官方网站等私域具有专属性和可控性，有助于出海品牌高效、精准地与用户建立连接，还有助于提升用户黏性和品牌忠诚度。

4.3.1 撒手锏：用心经营私域

在出海品牌竞争日益激烈的当下，私域运营成为品牌脱颖而出的撒手锏。用心经营私域，品牌能够开拓出一片新天地，实现与海外消费者的深度连接与持续互动。

首先，出海品牌要从社交媒体平台、搜索引擎等公域引流，将流量导至私域。例如，智能照明品牌 Yeelight（易来）特别注重与用户建立深度连接，打造了私域运营闭环生态系统。具体做法是，通过独立站发布促销信息以吸引用户留下电子邮箱，再利用 EDM（Email Direct Marketing，电子邮件营销）自动发送信息，并通过独立站的自动化设置来构建高效且精准的用户管理体系。

Yeelight 还在 Facebook 社群、官方 App 以及自建的会员系统中，构建了涵盖从用户数据收集、分析，到营销内容策划、推送，再到用户反馈收集与产品改进的完整闭环生态系统。

其次，流量沉淀到私域后，出海品牌要进行深度运营。Yeelight 根据黏度将私域用户细分为存量、半存量和增量 3 个级别，针对不同级别的用户制定个性化的推送策略。对于增量用户，Yeelight 通过 EDM 推送产品介绍等内容，激发他们的兴趣，促进购买；对于半存量用户，Yeelight 使用折扣、限时优惠等促销手段刺激他们购买；对于存量用户，Yeelight 提供高质量、个性化的内容和服务，以增强黏性，促进复购。

最后，有效激励是促使用户持续复购的重要动力。Yeelight 建立了一套完善的会员系统，用户消费可累积积分，积分可兑换产品或享受新品优先试用权等特权。这些激励措施激发了用户的积极性，良好的购物体验加上诱人的奖励，使得用户不仅自己持续复购，还乐于向身边的朋友推荐。

出海品牌经营私域，需要步步为营、用心经营。从公域精准引流，到私域的深度个性化运营，再到通过有效激励盘活流量，每一步都紧密相连、不可或缺。

4.3.2　海外社群搭建"五部曲"

在全球化的商业浪潮中，海外社群的搭建对于出海企业拓展国际市场、提升品牌影响力具有重要作用。如何搭建富有活力的海外社群呢？如图 4-4 所示。

第一步，确定战略方向。

在着手创建社群之前，出海企业须思考三个关键问题：想要营造什么样的社群氛围？想要吸引哪些人？想要输出什么内容？明确了这三个问题，社群的基调、目标受众、内容定位就明确了。

虽然社群运营以用户为核心，但是其应以品牌的调性、风格、形象为底座。品牌无法预知用户的行为，但是可以通过社群运营长期向用户传递调性、风格一致的内容，从而潜移默化地引导用户的行为。

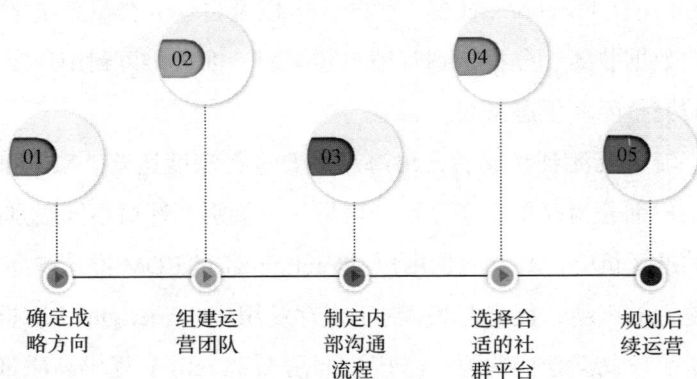

图4-4　海外社群搭建"五部曲"

第二步，组建运营团队。

海外社群的运营离不开优秀的团队，而理想的候选人应具备以下特质。

（1）热情，有耐心。尤其在社群搭建初期，要热情地解答用户问题，给予积极反馈。

（2）共情力。能够设身处地理解用户，妥善处理负面意见，建立良好的沟通关系。

（3）良好的沟通能力。既能准确向用户传达品牌的政策，又能将用户反馈有效传递给内部部门。

（4）内容创作能力。社群运营者应站在洞察用户的前沿，即便不直接产出内容，也要能提供创意构思，为内容创作指明方向。

（5）目标设定与跟进能力。聚焦社群互动率等核心指标，通过设定目标、执行计划、复盘总结，持续优化社群运营效果。

第三步，制定内部沟通流程。

为了确保社群运营的高效性，品牌需要制定合理的内部沟通流程。例如，当社群中出现售后问题时，须在24小时内反馈给售后部门，确保问题及时解决，维护品牌声誉；当用户提出产品改进建议时，应反馈给产品部门，助力产品优化；收集社群中用户常问的问题，交给内容部门制作成视频或博客，为用户提供有价值的信息；线上销售部门可以依据社群中用户的生活习惯、节假日等信息，制订精准的营销计划。

第四步，选择合适的社群平台。

目前，海外社群平台主要有社媒平台和自有社群平台两种类型。社媒平台如 Facebook Group，自带流量且设置简便，适合新品牌快速建立社群。而自有社群平台，如 Tribe、Circle 等，功能强大、自定义空间大，适合已有庞大用户群体的品牌，不过需自行引流。

品牌应根据自身情况和需求选择合适的平台，并充分利用平台的功能和优势来开展社群运营工作。

第五步，规划后续运营。

在社群搭建完成后，品牌需要制订详细的运营计划并持续跟进，包括答复客户问题、解决客户需求、收集产品反馈、鼓励内容创作以及进行外部推广等。例如，品牌可以定期举办线上活动或直播来增加用户的信任度和参与度；可以邀请行业专家或 KOL 进行分享来提升社群的专业性和影响力；还可以鼓励用户创作 UGC 内容来丰富社群内容并增强用户之间的互动。

海外社群搭建是一个系统工程，品牌需要遵循以上步骤，进行全面考量和规划。充满活力与影响力的海外社群能够让品牌与用户建立长久而稳固的连接，实现品牌商业价值的持续增长。

4.3.3 案例研究：HTVRONT借助社交媒体平台积累私域流量

欧美人喜欢 DIY，从扎染衣服到 DIY 装饰，再到 3D 打印 DIY，欧美地区的 DIY 文化很浓厚。HTVRONT 是我国一个面向 C 端用户的消费级热压机品牌，其通过将热压机做成家用 DIY 工具烫画机出海，在亚马逊、Wish 等电商平台相关类目中长期霸榜。

和工业化级热压机产品不同，HTVRONT 的烫画机产品融合了家居产品的便利性与智能科技的高效性，免去烦琐的组装流程，用户只需放置好待印刷材料，设定适宜的温度，一键操作就能将精美的图案熨压在各类物品上。

在各大社交媒体平台中，DIY 话题都很火爆，聚集了大量用户群体。因此，HTVRONT 在社交媒体平台上发力，通过产出高质量的内容，逐步建立用户认知，抢占用户心智。在 Facebook、Instagram、YouTube、X、TikTok 等海外热门社交媒体平台上，HTVRONT 均创建了自己的官方账号。

在 TikTok 平台上，HTVRONT 利用 DIY、创意手工等热门话题标签，成功吸引了超过 12 万粉丝的关注，发布的视频收获了超过 54 万点赞。其还与家居博主、DIY 爱好者等众多垂直领域的 KOL 合作，发布一系列使用 HTVRONT 烫画机 DIY 手工艺品的视频，精准触达对 DIY 感兴趣的潜在用户，有效提升产品转化率。值得一提的是，带有 #htvront 标签的视频在 TikTok 上的累计播放量突破 1.5 亿次，这充分彰显了用户对品牌内容的高度认同和喜爱。

在 Instagram 和 Pinterest 平台上，HTVRONT 更加注重内容的创意性和实用性。其发布了一系列时长不超过 30 秒的短视频，展示了使用 HTVRONT 的烫画机制作个性化家居用品的技巧和操作流程，如马克杯、枕套等。这些视频不仅充分展示了产品的多样化功能，还极大地激发了用户的创作灵感和购买欲望，有力地推动了产品销售。同时，HTVRONT 还在 Pinterest 的账号简介中添加官网链接，成功将平台流量导至品牌独立站，吸引了更多精准的目标用户。

在 Facebook 平台上，HTVRONT 则更加注重与用户互动和社区建设。其建立了多个垂直的社群，用于产品交流、耗材推荐、技巧分享、福利发放等，成功吸引超过 4 万粉丝。此外，HTVRONT 还在 Facebook 上发布优惠活动、新品上线和操作教程等内容，帮助用户更好地了解和掌握产品使用方法，进一步提升了用户的购买意愿和对品牌的忠诚度。

通过采取全面、系统的社交媒体营销策略，HTVRONT 成功地在海外市场上塑造了良好的品牌形象，品牌影响力不断提升，在 DIY 市场上持续拓展、稳定增长。

HTVRONT 始终坚持以用户为中心的原则，不断收集反馈意见并据此改进产品和服务。例如，针对部分用户提出的关于设备便携性的问题，HTVRONT 迅速响应市场需求，推出迷你版烫画机系列产品，进一步丰富产品线的同时也提高了品牌的市场竞争力。与此同时，HTVRONT 还在积极探索更多元化的营销渠道和技术手段，以适应快速发展的数字化时代。

05

第 5 章

品牌建设：
以品牌引爆全球影响力

在全球市场的激烈竞争中，品牌建设宛如一场决定企业命运的关键战役。本章将深入剖析品牌建设如何成为引爆全球影响力的核心力量。从明确品牌 DNA、利用对立与分化精准定位品牌，如 NewMoonDance 推广汉服、TCL 进军北美；到借助语言钉、视觉锤及精彩故事塑造独特品牌形象，如华为、YesWelder 的实践；再到强化管理，实现溢价、维护标识权、重视监测保护，如五岳科技 AI Agent 平台助力品牌监测全球商标数据库等。让我们一同探寻企业出海的品牌建设之道。

5.1 定位品牌是第一步

明确品牌定位是企业制定出海战略的首要环节，能够为企业的日常运营、营销推广等提供指导。拥有清晰的品牌定位，企业能够明确自身在海外市场中的位置和优劣势，从而打造差异化竞争优势，在竞争中取胜。

5.1.1 品牌DNA：宗旨、愿景、使命

每一个卓越的品牌都蕴含着独特的生命力量，而这股力量的源泉是品牌的DNA——宗旨、愿景与使命。它们如同品牌的灵魂，不仅定义了品牌存在的根本原因，也照亮了品牌前行的道路，指引着品牌不断追求卓越、实现价值。

品牌的宗旨是品牌存在的意义和目的，回答了"我们为何而生"这一问题。以安踏为例，其在拓展国际市场的过程中，始终秉持"不做中国的耐克，要做世界的安踏"这一宗旨。这一宗旨引领安踏不断突破创新，研发出既具备卓越性能又不失时尚感的运动产品，同时向全球消费者传递出积极向上、勇于挑战的正能量。

愿景则是品牌对未来美好图景的憧憬与规划，它勾勒出品牌长远发展的蓝图。我国新能源汽车领域的佼佼者蔚来，在开拓国际市场的道路上，怀揣着成为全球领先的智能电动汽车品牌的宏伟愿景。为实现这一愿景，蔚来不仅在产品研发与设计上倾注心血，还积极构建全球化的销售与服务网络，最终在国际舞台上树立起高端纯电动汽车品牌的形象。

而使命是品牌为实现愿景所肩负的责任，它明确了品牌前行的方向与路径。在出海的过程中，完美日记以"让人人皆可轻松变美"为使命，致力于打破传统美妆的界限，为全球消费者带来更加多样化、个性化的美妆选择。通过与国际知名设计师紧密合作，完美日记不断推出独具特色、风格鲜明的产品包装与色彩搭配，成功吸引了众多追求个性之美的海外消费者。

一个明确且极具感染力的品牌宗旨，能够让消费者领会到品牌存在的深远意义与独特价值；一个远大且切实可行的愿景，则为品牌的发展绘制了辉煌的蓝图，并激发了团队成员的昂扬斗志与无限创造力；而一个充满责任感的使命，则能够触动消费者的心灵，引起消费者的共鸣。

5.1.2　定位关键点之对立

对立就是要找到对标的品牌，通过深入分析其核心优势和潜在弱点，明确自身的独特定位。在激烈的市场竞争中，只有精准把握对手的脉搏，品牌才能更好地突出自己的特色，赢得消费者的青睐。

此外，通过对竞争对手的研究，企业能够发掘市场中尚未得到满足的需求和痛点，进而有针对性地开发独有的产品功能、服务或体验。市场环境变幻莫测，竞争对手的策略也处于持续变化之中。只有密切留意竞争对手的一举一动，企业才能迅速做出反应，维系品牌的竞争力。

以我国家电行业巨头 TCL 为例，在其雄心勃勃准备进军北美市场之际，遭遇了来自三星、LG 等行业巨擘的重重围堵。它们凭借卓越的显示技术与深厚的品牌价值积淀，占据了高端电视市场的半壁江山。面对高筑的竞争壁垒，TCL 敏锐洞察到这些竞争对手在中低端市场的产品功能丰富度与性价比尚存在优化空间。因此，TCL 精准锁定这一细分市场，致力于提供高性价比、功能全面的中低端电视产品。

通过不断优化供应链管理、有效降低生产成本，并持续加大技术研发力度，TCL 成功推出了一系列价格亲民且性能卓越的电视产品，赢得了北美消费者的青睐与好评，在竞争激烈的北美市场中建立了稳固的地位。

瞄准竞争对手展开深入分析与研究，是进行精准的品牌定位的关键。只有熟悉竞争对手，品牌才能以独特的价值主张吸引消费者，最终实现成功出海的目标。

5.1.3　定位关键点之分化

分化不仅是对已有市场的细分，还是一种开创全新领域的战略思维。借助分化策略，品牌可以占据那些尚未被开发或被忽视的市场空间，避开正面竞争，并通过创造独特的价值主张来吸引特定的目标受众。

品类分化是市场分化在产品层面的具体体现。速食市场竞争白热化，其中方便面、自热火锅等品类占据大部分市场份额。然而，东方魔力公司敏锐地洞察到消费者对健康、低卡路里且便捷的食品日益增长的需求，于是果断地进行品类创新，推出了桶装速食魔芋面产品。

魔芋面以其低热量、高纤维的独特属性，完美契合现代人追求健康饮食的潮流趋势。东方魔力创新性地将魔芋面打造为桶装速食形式，显著提升了产品的便捷性，从而在进入海外市场时，凭借这一独特的品类定位获得了先发优势。

为了征服海外市场，东方魔力进行了全方位的战略布局。首先，针对不同海外市场进行了详尽的市场调研，依据各市场特点制定了差异化的营销策略。在注重健康饮食的欧美市场，东方魔力着重强调魔芋面的低卡路里和高营养特征，成功吸引了那些追求健康生活方式的消费者；而在亚洲等生活节奏快的市场，则放大产品方便快捷的优势，直击当代都市人忙碌生活下的需求。

其次，东方魔力在产品包装和宣传方面做足了文章。其巧妙融合当地文化元素，增强了产品的亲和力，从而轻而易举地敲开海外消费者的心门。同时，线上线下双管齐下的营销手段则织就了一张无形的大网，使得产品迅速席卷市场，品牌知名度和市场影响力爆炸式增长。

最后，东方魔力还持续优化产品口感和口味，精准满足不同地区消费者的偏好。在欧美市场，东方魔力精心调配符合当地口味的酱料包；而在亚洲市场，则有针对性地增加更多辣味和鲜味的选择。

"东方魔力"的故事向我们展示了如何在一个看似固若金汤的市场中，利用品类分化的力量找到新的增长点，并通过一系列精妙的策略组合拳，书写属于自己的传奇篇章。这不仅是商业智慧的胜利，还是对消费者深层次需求深刻理解的结晶。

5.1.4 案例研究：NewMoonDance以独特定位打开海外市场

NewMoonDance是我国的一个汉服品牌，凭借独特的定位和精准的市场策略，成功地在海外市场中打开了一片新天地。

NewMoonDance的成功主要得益于精准的市场定位。汉服作为我国传统文化的重要符号，具有深厚的文化底蕴和独特的美学价值。NewMoonDance敏锐地捕捉到这一点，将汉服作为品牌的核心产品，致力于向海外市场推广这一传统文化元素。

NewMoonDance提供丰富多样的汉服款式，从各个朝代的经典风格、现代改良版到配套饰品等，应有尽有。其还推出定制服务，允许消费者根据个人喜好选择颜色、面料甚至刺绣图案。这样的灵活性极大地提高了产品的吸引力，使得每一位消费者都能找到最适合自己的那一款。

然而，仅有好产品并不足以让品牌在海外市场立足。NewMoonDance深知这一点，因此在营销上也下足了功夫。其充分利用社交媒体的力量，通过TikTok、Instagram、YouTube等平台进行大规模的内容营销。例如，与时尚博主合作，推出汉服穿搭视频，不仅提升了品牌知名度，还显著提升了用户参与度和购买转化率。此外，NewMoonDance还在亚马逊、Temu等主流电商平台上开设官方店铺，布局美国、英国、加拿大等多个核心市场，进一步拓展了销售渠道。

此外，NewMoonDance还注重与消费者互动和沟通。其在社交媒体上积极回应消费者的留言和反馈，建立了良好的客户关系。这种以消费者为中心的经营理念，使得NewMoonDance在海外市场中树立了良好的品牌形象。

虽然汉服市场规模较小，但独特的文化背景和美学价值使其具有很大的商业潜力。NewMoonDance正是看到了这一点，才能够在小众市场中站稳脚跟，并逐渐扩大市场份额。

综上所述，NewMoonDance以独特的定位和精准的市场策略成功打开了海外市场。未来，随着全球对我国传统文化的兴趣不断提升，NewMoonDance有望在海外市场中取得更加辉煌的成就。

5.2 建设品牌形象

品牌形象不仅是产品或服务的象征，还是企业文化和价值观的直观体现。良好的品牌形象能够显著提升产品的附加值，赋予企业更大的定价权与利润空间。通过精心塑造独特的品牌形象与价值主张，企业能够精准吸引并锁定目标细分市场，吸引高质量的合作伙伴与投资者，为长远发展奠定坚实基础。

5.2.1 思考：你有独特的销售主张吗

USP（Unique Selling Proposition，独特的销售主张）理论由美国营销大师罗瑟•瑞夫斯于 20 世纪 50 年代初提出，其强调向消费者表达独特的销售主张，即明确产品独特的、能够提升销量的卖点。几十年后，广告企业达彼思将这个理论发扬光大，并衍生出一种新的定位方法——USP 定位。

从概念层面来看，竞争性定位也属于 USP 定位的一种，但从实践层面来看，USP 定位更强调产品的功效和利益，是物理性质的定位。在使用 USP 定位时，有一个非常重要的前提，那就是产品必须具有独特的功效。

无论是之前还是现在，USP 定位都是绝大多数品牌的最佳选择。尤其对于那些以生产科技创新产品、工业产品为主的品牌而言，USP 定位是合适的定位方法。USP 定位能够推动创新思维和工业设计的优化，如简单、极致、重点突破等元素，都和 USP 定位有关。

以我国便携打印机品牌 Phomemo 为例，其最初专注于打印耗材研发，主要通过展会、代理商出口产品。后来，其借助亚马逊平台转型，从打印耗材供应商转变为便携打印机品牌。

在海外，其聚焦于"个性化表达"与"情感价值"打造独特的销售主张，特别是在欧美等礼物文化盛行的国家，Phomemo 推广定制化礼品制作，满足用户个性化需求。通过场景化应用，Phomemo 不仅具备打印功能，还成为展示个性与情感的重要媒介，成功打开全球市场，实现了品牌价值的提升。

一家专门生产中式糕点的小厂商，主要产品有月饼、绿豆糕等。该厂商希望拓展海外市场，便通过与当地经销商合作的方式将产品出口到美国。但在海外市场，产品销售情况很不理想。其主要原因在于，企业没有打造出独特的销售主张，只是将国内的产品和销售模式原样照搬。

在美国，市场上有丰富多样的烘焙食品，消费者对糕点的口味、外观和文化内涵都有不同的需求。而这家厂商没有突出中式糕点的特色和独特价值，比如没有强调中式糕点的传统制作工艺、独特的口味以及背后的文化意义等，导致产品在众多当地竞品中毫无亮点，难以吸引消费者，最终在海外市场的拓展以失败告终。

5.2.2 语言钉与视觉锤设计

语言钉指的是用简短有力的语言表达品牌的核心理念或独特卖点。一个易于理解和记忆的语言钉可以帮助品牌跨越文化差异，在不同国家和地区建立一致的品牌形象。例如，华为使用"Make It Possible"作为其全球品牌口号。这个语言钉传达了华为致力于通过技术创新实现不可能的理念，具有强烈的激励性和普遍吸引力，帮助华为在全球范围内建立起积极进取的品牌形象。

出海品牌在打造语言钉时，须深入研究目标市场的语言习惯、文化背景与消费心理。例如，在欧美注重个人主义与自我实现的文化中，强调个性、自由与品质提升的语言往往更具吸引力；而在亚洲一些集体主义文化浓厚的地区，传递家庭、团队、和谐等价值观的语言可能更容易被接受。

如果说语言钉是打开消费者心智大门的钥匙，那么视觉锤则是打开这扇门后留给人们的第一印象。成功的视觉锤往往具备这些特点：独一无二、容易识别的，并且能够在瞬间吸引注意力。例如，华为的品牌标志是一个由八个花瓣组成的红色花朵图案，这个设计不仅简洁且富有中国特色。在全球范围内，华为成为全球领先的电信设备制造商和智能手机供应商之一，其标志性的红色八瓣花标志亦对强大的品牌形象颇有帮助。

对于出海品牌来说，设计适合自身特性的视觉锤不仅要考虑如何创建独特的视觉元素，如 Logo、包装设计、色彩搭配等，还要思考这些元素如何适应不同的文化和审美偏好。比如，某些颜色在我国代表吉祥如意，但在其他地方可能有不同的含义。因此，在设计视觉锤时，必须充分调研目标市场的风俗习惯，以确保最终成果既能体现品牌的个性，又不会引起误解或反感。

语言钉和视觉锤并非孤立存在，而是相辅相成。理想情况下，视觉锤应当能够强化语言钉所传达的信息，反之亦然。例如，蜜雪冰城推出的洗脑神曲"你爱我，我爱你，蜜雪冰城甜蜜蜜"，配合其可爱的雪王IP形象，迅速在网络上走红，极大地增强了品牌的知名度和亲和力。

在打造语言钉和视觉锤时，出海品牌可以借助AI工具。假如一个智能音频设备品牌的名称是"悦音精灵"，出海的目标市场是北美市场，目标用户是热爱音乐且生活节奏快的人。借助DeepSeek，品牌可以获得多条语言钉，如图5-1所示。

> 假如一个智能音频设备品牌的名称是"悦音精灵"，出海的目标市场是北美市场，目标用户是热爱音乐且生活节奏快的人。请为该品牌设计几条合适的语言钉，要能体现出其音质出色、便携、带来愉悦听觉体验等优势以及品牌定位。

🐋 ▒ 已深度思考（用时21秒）﹀

「悦音精灵」北美市场语言钉设计（附策略解析）：

一、场景化情感共鸣系列

1. **"Studio Sound, Pocket-Sized Freedom"**
   （录音室音质，口袋里的自由）
   策略：用"Studio Sound"建立专业音质认知，"Pocket-Sized Freedom"将便携性与北美用户崇尚的移动自由绑定，暗示音乐品质不受场景限制。

2. **"Your Escape, On the Go"**
   （随身携带的听觉庇护所）
   策略：针对高压生活场景，用"Escape"触发情感需求，结合"On the Go"强化便携特性，构建「通勤=私人音乐会」的联想。

二、技术价值具象化系列

3. **"Hi-Fi Grade, Zero Gravity"**
   （Hi-Fi级音质，零重力体验）

﹀

图5-1　DeepSeek生成的语言钉

策略：用"Hi-Fi Grade"建立专业背书，"Zero Gravity"双关物理重量与听觉漂浮感，暗喻产品轻量化与沉浸体验的完美平衡。

4. **"Crystal Waves, Seamless Days"**

（晶莹声波，无缝生活）

策略：通过"Crystal"强化纯净音质认知，"Seamless"既指设备无感佩戴的物理体验，也隐喻音乐与快节奏生活的完美融合。

三、精神主张型系列

5. **"Elevate Your Beat, Own the Rhythm"**

（升华你的节拍，掌控生活律动）

策略：用"Elevate"体现音质提升价值，"Own the Rhythm"将产品与用户对生活掌控欲绑定，精准击中北美Y世代追求自我主导的心理。

6. **"Sound Alchemy in Motion"**

（移动中的声音炼金术）

策略：借"Alchemy"的神秘感强化技术魅力，"In Motion"直击移动场景，塑造「行走的声音黑科技」高端形象。

四、感官唤醒型系列

7. **"Unfold the Symphony"**

（展开你的交响现场）

策略：用古典音乐最高形式"Symphony"建立音质权威性，"Unfold"暗示一键开启的便捷操作，实现专业性与易用性的价值对冲。

˅

8. **"Sonic Cocoon, Anywhere Built"**

（随行声茧，瞬间筑造）

策略：通过生物学隐喻"Cocoon"传递沉浸感，"Anywhere Built"强调环境自适应技术，解决户外场景音质痛点。

五、组合拳打法建议

- **主视觉标语**：优先选择「Studio Sound, Pocket-Sized Freedom」，其专业感+自由度的价值组合最符合北美中产审美

- **社媒话题标签**：搭配#OwnTheRhythm 强化用户身份认同

- **场景化副标**：在广告中延伸「From Morning Run to Midnight Jazz」等具体场景，激活用户联想

设计逻辑：所有语言钉均满足

① 15音节内的记忆阈值

② 押头韵/尾韵的听觉锤效应（如Sound-Seamless）

③ 动词+价值主张的强驱动结构（Elevate/Own/Unfold）

④ 避免技术参数，通过隐喻构建感知价值

建议配合动态视觉锤（如产品在都市穿梭中展开金色声波轨迹），实现语言与视觉的认知共振。

图5-1　（续）

仍基于上述假设，该品牌可以借助 ChatGPT、DeepSeek 等生成视觉锤设计方案，然后将方案复制到简单 AI、Midjourney 等具有图像生成功能的 AI 工具，设计出合适的视觉锤，如图 5-2 所示。

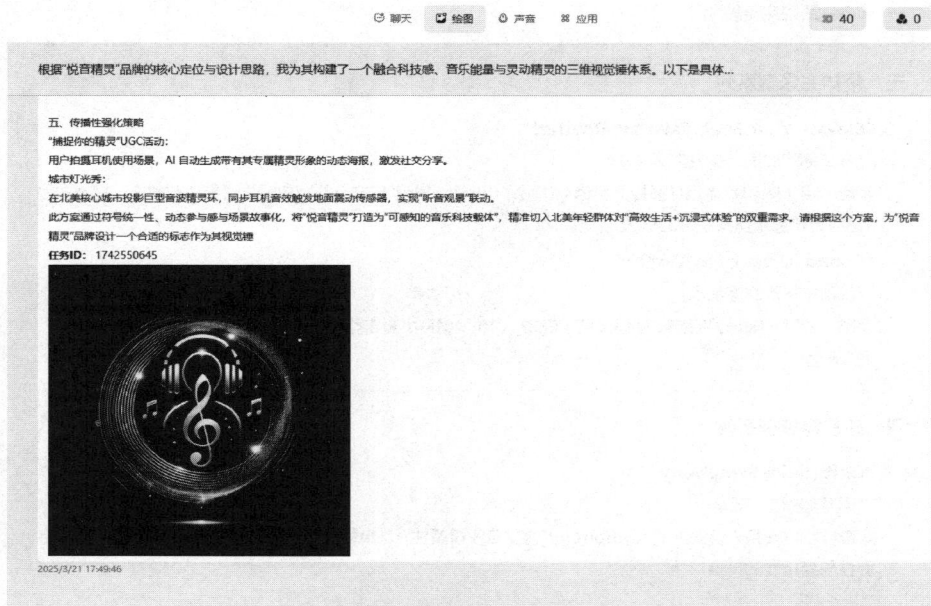

图5-2　简单AI生成的视觉锤

5.2.3　讲好品牌故事

海外市场不仅意味着新的消费者群体，也带来了文化差异、语言障碍和激烈的竞争。在这样的背景下，讲好品牌故事成为出海品牌获得成功的重要一环。一个富有感染力、能够引起用户共鸣的品牌故事，能够帮助品牌跨越文化和语言的界限，赢得海外消费者的信任和喜爱。

下面将从三个方面入手探讨出海品牌如何讲好品牌故事，如图 5-3 所示。

1. 文化融合

文化差异是出海品牌面临的一大挑战，但也是讲好品牌故事的独特资源。品牌应该尊重并融入目标市场的文化元素，通过创新的方式表达品牌的核心价值和故事。

文化融合　　　　　情感共鸣　　　　　持续传播

图5-3　讲好品牌故事的要点

例如，我国的茶品牌在进入西方国家时，可以讲述茶叶背后的悠久历史和制作工艺，同时结合西方人对自然、健康和环保的关注，强调茶叶的有机种植和绿色健康。这样的故事不仅传递了品牌的传统文化底蕴，也符合目标市场的文化价值观，增强了品牌的吸引力。

2. 情感共鸣

品牌故事不仅仅是品牌单方面的讲述，还要注重与消费者之间的情感共鸣和互动交流。出海品牌要站在消费者的角度，思考他们的情感需求、生活梦想和现实困扰，将这些元素融入品牌故事中，使消费者在听到或看到品牌故事时，能够产生强烈的情感反应，仿佛故事是在讲述他们自己的经历。

例如，某健康食品品牌针对现代消费者对健康生活的追求和快节奏生活下的饮食困扰，在品牌故事中强调产品如何为消费者提供便捷、营养、美味的饮食解决方案，帮助他们轻松实现健康生活目标，从而引发消费者的情感共鸣。

3. 持续传播

在数字化时代，出海品牌拥有多元化的传播渠道和方式来讲述品牌故事。社交媒体平台（如 Instagram、Facebook、YouTube、TikTok）是分享视觉化内容的理想场所；品牌官方网站及博客则适合详细介绍历史沿革、企业文化和核心价值；新闻稿与媒体采访有助于提升权威性和公信力；而视频直播等形式可以让用户直观地了解幕后故事，提升品牌的透明度。

讲好品牌故事的关键不仅在于故事本身，更重要的是找到与目标市场相契合的方式方法，建立起品牌与消费者之间持久稳定的关系。

5.2.4 案例研究：YesWelder通过内容营销讲述品牌故事

在焊接设备领域，YesWelder（叶氏焊接）无疑是后起之秀。作为一个专注于电焊机、焊帽等焊接类产品的国产品牌，YesWelder不仅在国内市场取得了不俗的成绩，还在海外市场上快速崛起，成为行业领军者。那么，YesWelder是如何在海外市场进行品牌建设的呢？

2019年，YesWelder入驻亚马逊美国站，通过B2B模式运营。其在亚马逊的销量迅速增长，业务逐步拓展到欧洲、澳洲等多个海外市场。然而，随着业务不断发展，YesWelder创始人意识到第三方平台的局限性，于是决定从B2B向DTC转型，建设自己的独立站，从而自主控制品牌。

独立站为YesWelder带来了更大的品牌掌控力，但同时也带来了流量获取的难题。为了解决这个问题，YesWelder加大了社交媒体营销的力度，采取了三种策略，如图5-4所示。

图5-4　YesWelder社交媒体营销策略

（1）打造官方账号。YesWelder在Facebook、Instagram、X、TikTok、YouTube等社交媒体平台上均开设了官方账号，通过视频、照片、文字等形式分享多样化的内容，如产品展示、焊接技巧、焊接案例、用户评价等，吸引了大量用户的关注。

（2）KOL营销。YesWelder没有盲目地选择和流量大的网红合作，而是精心挑选那些在焊接及相关领域拥有专业知识和影响力的KOL。例如，在YouTube平台上，YesWelder经常赠送产品给YouTuber，允许他们以自己擅长或喜欢的方式创作内容。

为了让 KOL 营销效果最大化，YesWelder 整合多个社交媒体平台进行同步推广。从图文分享为主的 Facebook 和 Pinterest 到视频主导的 YouTube 和 TikTok，YesWelder 活跃在不同平台上。

（3）讲述用户故事。YesWelder 在其官网上开设了一个名为 "Why We Weld" 的博客专栏，以消费者为主角，讲述他们的真实故事，引起了很多用户的共鸣。该专栏还特别报道了 3 位女焊工的故事，展现了女性从事焊工工作的独特风采。接地气、真实的用户故事不仅引导用户积极互动，还塑造了焊工群体的独特文化，增强了他们的黏性，提升了用户对品牌的好感度。

通过采取上述品牌建设策略，YesWelder 在海外市场逐渐崭露头角，品牌知名度和美誉度不断提升。然而，海外市场竞争激烈且瞬息万变，YesWelder 仍需持续创新和优化品牌建设策略，不断适应市场变化，才能在海外市场这片广阔的天地中实现更长远的发展。

5.3 加强品牌管理

打造了品牌之后，企业还要加强管理，确保品牌不仅能够有效传达核心价值，还能迅速适应不同文化背景下的市场需求变化。品牌管理不仅仅是对标识、口号等的简单维护，而是涉及从战略规划到日常运营的每一个环节。

5.3.1 品牌必须提升溢价

品牌溢价意味着消费者愿意为品牌支付超出产品实际功能价值的价格，这背后蕴含着品牌所承载的信任、情感、品质认知以及独特形象等无形价值。

然而，出海品牌要实现溢价并非易事。不同国家和地区的文化差异巨大，消费者的需求偏好、审美观念、消费习惯千差万别，这使得品牌在传递价值和塑造形象时难以找到普适的路径。

为实现溢价，出海品牌需要深入洞察目标市场，精准把握当地消费者的痛点、期望与梦想，将品牌核心价值与之紧密结合，打造具有针对性且能引发共鸣的品牌故事和产品定位。例如，某智能家电品牌在进入欧美市场时，针对当地消费者对家居智能化、节能环保及个性化设计的高度关注，突出其产品在智能互联技术、高效节能性能和定制化外观方面的优势，成功塑造了高端智能家电的品牌形象，赢得了消费者的青睐和较高的品牌溢价。

差异化竞争优势是品牌溢价的基石。GANCUBE 竞技魔方品牌就是一个很好的例子。它瞄准了更成熟的成人市场，而不是传统的青少年玩家群体。通过淡化魔方的玩具属性，强化其释放情绪的属性，该品牌吸引了很多追求智力挑战和独特身份表达的年轻人，不仅增加了曝光量和点击率，还实现了销量增长。

信任也是高溢价的基石。《益普索 2024 中国品牌全球信任指数 GTI®》显示，我国品牌在全球范围内的信任度在过去几年里显著提升，达到了一个新的高度。这意味着越来越多的海外消费者对我国的产品和服务抱有信心，愿意为其支付更高的费用。

作为全球领先的无人机制造商，大疆创新以其卓越的技术和产品性能在海外市场树立了良好的口碑。无论是在专业摄影领域还是在消费级市场，大疆创新的无人机产品都备受消费者信赖。这种信任使得大疆创新能够在国际市场上保持较高的定价水平，实现销量稳步增长，获得丰厚的利润。

5.3.2 品牌标识权：有成本，有收益

品牌标识权作为企业无形资产的重要组成部分，在品牌出海过程中扮演着至关重要的角色。品牌标识权不仅代表着企业的形象和声誉，还承载着消费者对品牌的认知与信任。

从成本维度来看，获得并维护品牌标识权需要企业付出相应的经济成本。注册商标是保护品牌标识最直接的方式之一，根据各国法律的不同，商标注册费用也有所差异。例如，我国普通商标的注册申请规费为 1000 元/件；而在海外国家或地区，由于不同司法管辖区的法律法规以及语言不同，商标注册可能更加复杂且昂贵。为了防止商标被抢注，企业还要建立海外商标监测预警机制，及时发现并应对潜在风险。这同样需要付出一定的人力物力。

除了金钱上的花费，在追求商标的独特性与原创性方面，企业也要付出一定的成本。一个成功的品牌标识不仅要符合目标市场的审美，还须避免与

其他已有的商标产生混淆。这就要求企业在设计之初就注重创新，并通过专业的法律顾问确保其合法性和独立性。一旦出现侵权纠纷，即便最终胜诉，也需要耗费大量时间和资源用于诉讼程序。

尽管获取和保持品牌标识权需要付出很多成本，它所带来的回报却是不可估量的。当一个品牌成功地在市场上树立起鲜明的形象后，就可以有效地吸引消费者的注意力，并建立起深厚的情感连接。比如，名创优品在巴黎香榭丽舍大街开设的"超级门店"，凭借优越的地理位置和精心打造的品牌形象，开业首日便创造了近60万元的佳绩。

品牌标识权还能为出海品牌构筑起坚固的法律屏障。凭借合法的标识权，企业可以有力地抵制假冒伪劣产品，维护品牌声誉和市场秩序，避免侵权行为导致的经济损失和品牌形象受损。这在长期的品牌建设和市场竞争中，能够保障企业的合法权益，确保品牌价值得以持续积累和增长。

对于标识权，品牌应充分认识到其成本与收益的双重属性，合理规划资源，积极申请和维护标识权，充分发挥其在品牌建设和市场竞争中的关键作用，在全球商业舞台上稳健前行，实现品牌的国际化发展与价值升华。

5.3.3 重视品牌监测与品牌保护

品牌是企业重要的无形资产，是我国企业进入海外市场的"通行证"。而商标是品牌识别和信誉积累的关键，一旦商标被抢注，品牌可能面临市场份额被挤占、品牌形象受损等严重后果。以中华老字号同仁堂为例，其商标在日本市场遭遇当地企业抢注。这阻碍了同仁堂在日本的市场拓展进程，甚至对其长期积累的良好品牌形象造成不可挽回的损害。

事实上，同仁堂的遭遇并非个例。近年来，我国众多老字号品牌，如王致和、洽洽、老干妈等，以及新兴品牌，如茶颜悦色、鲍师傅等，都在海外遭遇了商标抢注的困境。这些案例无一不在提醒我们，出海品牌必须高度重视品牌监测与保护。

品牌监测的核心在于实时掌握全球市场动态，但传统人工监测存在效率低、覆盖面窄、语言障碍等痛点。AI技术的介入，通过多模态数据分析与语义理解，实现了对品牌声誉、商标动态、竞品策略的全维度扫描。例如，五岳科技研发的 AI Agent 平台，基于 AIGC 大模型技术，可实时监测全球 200 多个国家和地区的社交媒体、电商平台及商标数据库，识别侵权内容、舆情风险及商标抢注行为，将监测响应时间从数周缩短至分钟级。该平台曾帮助某家电巨头在东南亚市场发现仿冒产品线索，通过 AI 自动生成的侵权证据链，成功发起跨国诉讼，挽回经济损失超千万美元。

AI 的突破性在于其场景化学习能力。例如，搜狐简单 AI 的"文化适应性分析"功能，不仅能识别文本中的敏感词，还能结合目标市场的文化禁忌，对品牌宣传物料进行合规性评估，避免因文化误读引发的公关危机。这种技术已在出海领域广泛应用，某白酒品牌借助该工具调整中东市场广告中的宗教元素，规避了潜在的文化冲突风险。

商标抢注是品牌出海的"隐形地雷"。传统的商标保护依赖人工检索与法律诉讼，而 AI 技术通过语义检索与图像识别，可自动比对全球商标数据库，预测抢注风险。例如，五岳科技的"全球内容健康监测平台"，利用 AI 算法分析商标注册趋势，为 TCL、春风动力等企业提前布局商标矩阵。

品牌监测与保护是一场没有终点的马拉松。AI 技术不仅提供了效率革命的工具，还重塑了全球化品牌管理的逻辑——从被动应对到主动防御。未来，随着 AI 与区块链等技术的深度融合，品牌资产将实现数字化确权与跨平台流转，为出海企业构筑起坚不可摧的护城河。

中篇

打造海外『第二中心』

第 6 章

组织搭建：
打造强战斗力海外团队

企业在海外市场扬帆远航，离不开一支具备强大战斗力的海外团队。本章将揭晓如何构建合理的海外组织架构，如 TCL 在东南亚的管理模式、长虹的本地化销售团队；如何应对不同地区团队差异，如欧洲团队注重隐私保护、日本团队倾向于灵活管理方案；应掌握哪些本土化团队管理要点，如越南的雇佣政策、吉利平衡文化差异的举措。让我们一同探寻打造海外精锐之师的秘诀。

6.1　海外组织架构

合理高效的组织架构是组织有序运转的基石，它决定了决策的效率、信息的流通、资源的分配以及各部门之间的协同关系。在出海过程中，企业需要搭建包含管理层、售前售后团队、销售团队、职能团队的组织架构，以迅速响应市场变化，同时保持内部运作的灵活性和高效性。

6.1.1　管理层：负责决策

在企业出海的征途中，管理层尤为关键。特别是在出海初期，管理层不仅要制定清晰的战略方向，还要确保战略得到有效执行。

常见的出海企业管理层结构是"1＋1/n"。这指的是企业会从国内派遣一名经验丰富、具备跨文化沟通和决策能力的管理人员，作为海外业务的主要负责人。与此同时，为了更好地适应海外市场环境，企业还会在当地招聘1名或几名熟悉当地市场环境、法律政策和文化习俗的辅助管理人员。他们在中方管理人员的指导下，负责执行具体的市场开拓计划，处理日常事务，为企业挖掘更多的市场机会。

这种模式的好处在于，它结合了中方管理人员的行业经验、管理体系和当地管理人员的本土化优势，能够避免信息不对称的问题，形成优势互补、协同作战的团队。

与"1＋1/n"模式相对，一些企业在出海过程中采用"全面中化"的管理策略，即派遣中国的管理人员负责海外业务，并替换大部分原有的当地管理层，以快速复制国内经验、占领海外市场。

以我国某知名科技企业A公司为例，其在拓展东南亚某国市场时，采用"全面中化"的管理策略。然而，中国管理人员虽然对公司的战略有深刻的理解，但未能充分理解当地市场的特殊性，如消费者偏好、销售渠道、法律政策等。同时，由于语言和文化障碍，中国管理人员与当地员工之间的沟通也出现了问题，导致信息传递不畅，工作效率低下。

更重要的是，A公司替换当地管理层的举动引发了当地员工的不满和抵触情绪。当地管理层的离开不仅使得A公司失去了宝贵的人脉、渠道等资源，还导致员工士气下降和团队稳定性变差。

结果，A公司在该国的业务发展受到了严重阻碍，市场份额未能如期增长。面对这一困境，A公司不得不重新审视其管理层配置策略，并逐步调整为"1＋1/n"的模式，引入当地管理人员，加强跨文化培训和沟通机制，以努力挽回市场。

这个案例说明，出海企业在管理层配置上不能简单地"一刀切"，而应根据当地市场的实际情况和企业的自身特点来灵活调整。

6.1.2　售前售后团队：服务支持类工作

售前售后团队作为连接客户与企业的桥梁，在企业全球化进程中扮演着重要的角色。其工作内容广泛，涵盖技术支持、现场服务、客户沟通等多个方面，旨在确保客户在购买产品前后都能获得及时、专业的服务。

售前团队的主要职责在于为客户提供详尽的产品咨询和解决方案。他们要根据客户的需求和实际情况，为其推荐最合适的产品，并为客户提供专业的技术支持，进行答疑解惑。而售后团队更多地承担产品维护、故障处理和客户反馈收集的任务。当客户遇到问题时，售后团队要迅速响应，通过远程支持或现场服务的方式，帮助客户解决问题。

浙江圣雪休闲用品公司于2020年开始布局跨境电商业务，从产品出海迈向品牌出海。一方面，其在上海组建跨境电商团队；另一方面，为成立超过10年的美国子公司扩充人员，将"前店"直接设在美国。在美国，公司直接聘请当地员工负责运营、推广和售后，精准把握当地用户需求，为用户提供优质的服务，赢得了广阔的市场。

传音在拓展非洲市场的过程中深知售后服务的重要性，打造了专业的售后服务品牌Carlcare，服务的品类包括自有品牌手机产品及家用电器产品。

专业的售后服务团队为传音巩固并进一步提升非洲市场的份额奠定了坚实基础，还增强了其与终端用户的连接和黏性。

考虑到成本和效率，出海企业在海外组建售前售后团队时，通常会采取灵活多样的方式。除了将国内人员外派到国外，还可以通过远程协作的方式，利用现代通信技术，实现跨国界的服务支持。这种方式不仅能够降低企业的运营成本，还能够提高服务效率，为客户提供更加便捷、高效的服务。

6.1.3　销售团队：引入本地人才

企业要想在陌生的海外市场站稳脚跟，仅凭一己之力远远不够。而引入本地人才，成为企业在海外建设销售团队的关键一环。本地人才不仅熟悉当地的市场环境、消费习惯，还深谙当地的商业文化和法律法规。他们的加入，能为海外销售团队注入新鲜血液，助力企业更快地融入当地市场，提升品牌竞争力。

长虹作为国内较早开启全球市场征程的"外贸老兵"，早在1998年便着手海外业务探索，陆续在印尼、大洋洲、欧洲等地设立子公司。在电商蓬勃发展的浪潮下，2019年6月，长虹整合海外业务单元，成立长美国际区。

在印尼市场，长虹充分利用已有的工厂优势以及海外本土团队资源，大力组建电商营销团队。这些印尼本地员工有着得天独厚的优势，更能精准洞察当地消费者的需求。在产品推广上，他们化身主播，用印尼消费者习惯的、感到亲切的表达方式直播讲解产品卖点，让长虹电视、冰箱、空调等产品常年稳居印尼头部电商平台Shopee大家电品类Top销售榜单。

在欧洲，长虹打造了一支跨国家、跨文化的中外一体化电商运营团队。从本地仓储物流体系的搭建，到用户服务能力的提升，从本地电商平台的商务开拓，到数字化市场营销推广，各个环节都有熟悉当地市场的专业人才参与。他们结合欧洲各地实际情况，实施多样的电商业务模式，有力推动了产品在欧洲市场的推广与销售。正是凭借对当地人才的充分挖掘与任用，长虹成功构建起本土化销售团队，实现了海外业务的良好发展。

总之，销售团队是企业开拓海外市场的重要力量。企业要构建一支高素质、高效率的销售团队，从而在海外市场上迈出坚定的步伐。

6.1.4　职能团队：财务、人事、行政等

企业在海外设立分支机构或开展业务，需要有相应的职能团队提供幕后支持。尤其是财务、人事、行政等关键职能岗位，是支撑企业在海外运营的中坚力量。

海外财务团队的主要职责包括资金管理、成本控制、税务筹划以及合规性审查等多个方面。由于各国会计准则与税收政策存在较大差异，因此财务人员必须熟悉当地的法律法规，确保所有财务操作符合规定。

面对复杂的国际金融环境，财务团队需具备敏锐的风险意识，及时调整策略。例如，在某些国家，外汇管制较为严格，财务人员需要提前规划，合理安排跨境支付流程，避免因汇率变动造成不必要的损失。

人事团队的任务是为企业招募合适的人才，并负责员工关系维护、培训等工作。在跨文化环境中，HR 的角色尤为重要，他们不仅要理解不同文化背景下的职场行为模式，还要善于利用这些差异创造价值。

在招聘过程中，HR 应当充分考虑候选人的语言能力、教育背景等；在日常管理中，则要注重营造包容和谐的工作氛围，鼓励多元文化交流。针对可能出现的文化冲突问题，HR 应制定相应的预防措施，如组织跨文化沟通培训，帮助中外员工更好地相互理解和配合。

在海外市场，行政团队要负责办公场所的选址、租赁和管理，处理一些涉及当地法律法规的事宜，如签证申请、组织协调跨国会议等。为了保证工作效率，行政团队往往需要建立一套完善的管理体系，简化烦琐手续的同时提高响应速度。

比如，通过引入先进的信息化管理系统，实现文件电子化存档、审批流程自动化等，既节省了时间成本又增强了信息安全性。另外，考虑到不同地区的风俗习惯各异，行政团队也应注意尊重并融入当地文化元素，为员工创造舒适愉悦的工作环境。

面对海外市场的复杂性和不确定性，海外职能团队必须不断提升自身的

专业素养和跨文化沟通能力。他们应时刻关注当地的文化、制度和法规变化，及时调整工作策略和方法，以跨越文化鸿沟，为企业海外业务的发展保驾护航。

6.2　不同地区的团队差异

进入一个新的海外市场，企业往往要在当地组建团队，以确保业务顺利开展。然而，在不同地区组建团队并非简单的经验复制，而是要根据当地市场环境、文化背景等进行个性化团队打造。

6.2.1　欧洲：十分注重隐私

在欧洲，隐私权被视为一项基本且不可侵犯的权利，因此，当企业在欧洲地区建立团队时，必须特别重视隐私保护。

欧洲拥有极其严格且全面的隐私法规体系，其中最具代表性的是《通用数据保护条例》。该法规对企业处理个人数据提出了详尽而严格的要求与限制，任何违规行为都将面临严重的法律后果。因此，在管理欧洲团队时，企业应深入理解并严格遵守这些法规。

在日常的团队管理实践中，企业应高度重视并切实保护员工的个人隐私权益，保护范畴涵盖员工的家庭背景、健康状态以及财务信息等多方面的敏感资料。具体而言，在收集员工信息时，企业务必清晰、明确地阐述目的、用途及信息存储期限，并确保获得员工的理解和授权。针对那些尤为敏感的个人信息，企业应实施更为严密的安全措施，以确保信息的机密性、完整性和可用性不受侵犯。

在工作场所实施监控，企业应十分谨慎。具体而言，在安装摄像头或部署监控软件时，必须确保存在充分的合理依据，并且这些监控措施不得过度侵犯员工的个人隐私权。同样，企业应避免随意监听员工的电话或查阅其电子邮件，除非在符合法律规定、经过正当程序的前提下，且有明确的合法理由。

在与欧洲团队的成员交流时，企业应避免询问关于其个人生活的敏感话题，以确保不会给员工带来任何不适或困扰。

在管理欧洲团队时，企业应秉持隐私至上的理念。只有尊重并有效保护员工的隐私权益，才能构建起坚实可信的工作伙伴关系，从而为企业在欧洲市场的稳健前行奠定坚实的基础。

6.2.2　美国：重视并保护人权

人权作为现代社会的基本权利，涵盖了广泛的内容，包括平等权、尊严权、自由权、生命权等。在企业管理中，尊重和保护人权意味着要关注员工的劳动权益、反对任何形式的歧视、保护消费者的知情权和隐私权等。

企业出海到美国，在美国组建本地化团队，必须高度重视并切实保护人权。美国拥有健全且复杂的法律体系，其中劳动法、反歧视法等对企业和员工的权利与义务有着明确规定。

例如，《公平劳动标准法案》（FLSA）设定了最低工资标准和加班补偿要求；《民权法案》第七章则禁止基于种族、肤色、性别等因素的就业歧视。此外，加州等地还实施了更为严格的隐私保护法规，如《加州消费者隐私法案》（CCPA），要求企业妥善处理个人信息。因此，出海企业必须深入研究并严格遵守这些法律规定，以确保其人力资源政策符合当地标准，避免因违规操作而引发法律风险。

在实践中，出海企业可以采取一系列措施来加强人权保护。例如，建立公正、透明的招聘和晋升机制，确保所有员工都能在平等的机会下竞争；制定严格的反歧视政策，禁止任何形式的种族、性别歧视；加强消费者数据保护，确保消费者个人信息的安全和隐私；积极参与当地社区建设，尊重并融入当地文化，促进多元文化的交流与融合。

总之，出海企业在管理美国团队时，必须高度重视并切实保护人权。这不仅是对当地法律和社会规范的尊重，还是企业长远发展和履行社会责任的必然要求。通过加强人权保护，企业可以树立良好的企业形象，增强员工的归属感和忠诚度，提高消费者的信任度和满意度，从而为企业的可持续发展奠定坚实的基础。

6.2.3　日本：设计灵活的管理方案

日本是我国许多企业拓展海外业务的目的地之一。然而，日本人才市场的特殊性，如终身雇佣制、年功序列工资制等，为出海企业在日本组建团队带来了不小的挑战。

为了成功组建一支团队，企业首先需要理解当地人才市场的特点。在日本，大多数劳动力倾向于为本土企业服务，并且往往会在一家企业工作一辈子，对于加入外国企业持保守态度。

为了吸引日本本地优秀人才加入，出海企业需要设计灵活的管理方案。在薪酬待遇方面，要展现出相较于日本本土企业的优势，提供更具竞争力的薪酬。同时，突破年功序列按资排辈的限制，给予人才更多的职业发展空间，让他们能够凭借自身能力获得更多的发展机会。

在雇佣模式上，企业可以借鉴日本传统的终身雇佣制，减少自身原有体制对外籍人才聘用的限制，为日本员工提供更加稳定的工作保障。同时，结合外企的灵活性，为他们提供更多的职业发展机会和福利待遇。这样既能满足日本员工对稳定性的需求，又能激发他们的工作热情和创新能力。

此外，出海企业还要注重文化融合，尊重日本员工的文化背景和工作习惯。通过举办文化交流活动、提供语言培训等方式，增进中日员工之间的了解和沟通，促进团队内部的和谐与协作。

总之，出海企业在日本组建团队应设计灵活的管理方案，既要适应日本市场的特点，又要充分发挥自身优势。通过深入了解日本求职者的需求和期望，调整雇佣模式，注重文化融合，企业可以成功吸引并留住优秀的日本人才，为自身在日本市场的长期发展奠定坚实的基础。

6.2.4　东南亚：不要吝啬人力成本

近年来，随着东南亚经济的快速发展和技术进步，该地区的薪资水平逐年攀升。根据招聘平台 Glints 和风险投资公司 Monk's Hill Ventures 联合发布的 2023 年东南亚初创公司人才报告，在所有技术职位中，产品经理的薪酬涨幅最高，其中位数比 2022 年增长了 27%；而用户界面（UI）/用户体验（UX）设计人才需求旺盛，每个资历级别的薪酬翻了一番。根据联合国国际劳工组织发布的数据，自 2011 年以来，越南工厂的平均薪资提升了一倍以上，达到每月 320 美元（约合人民币 2328 元）。

这些数据充分表明，东南亚地区的人力成本优势正在减弱，依靠极低工资吸引外资的时代已经过去了。

某科技公司在进入东南亚市场初期，试图以 10 万～ 12 万元年薪招聘一名负责广告投放的经理，但很长时间后仍未找到合适人选。究其原因，主要是这一薪资标准远低于市场平均水平，无法吸引真正有能力的专业人士。于是该公司调整策略，不再局限于固定的薪资框架，最终成功招聘到一位年薪 18 万元的优秀人才。这位人才入职后不仅迅速适应了工作环境，还凭借出色的业绩提前转正，为企业带来了显著的价值。

想要在东南亚成功组建一支战斗力强的团队，出海企业必须正视当地的实际薪资水平，不能吝啬人力成本。在制订招聘计划前，企业务必对目标市场的薪资水平进行调查，了解不同职位的具体薪酬范围，确保提供的薪酬待遇具有竞争力。

考虑到东南亚各国之间存在较大差异，企业在制订薪酬方案时应保持一定的灵活性，根据不同国家或城市的实际情况做出相应调整。例如，在新加坡等高成本地区，可能需要提供更高的薪资来吸引顶尖人才；而在马来西亚、印度尼西亚等地，则可以在保证员工基本生活所需的基础上适当降低薪资水平。

除了物质激励，还应注重员工的职业成长和个人价值实现。通过建立完善的培训体系和晋升机制，帮助员工不断提升技能水平，增强他们对企业文化的认同感和归属感。这不仅有助于提高工作效率，还能有效降低人员流失率。

6.3 本土化团队的管理要点

本土化团队是出海企业在海外开展业务、拓展市场的基石，因此管理好本土化团队尤为关键。对此，企业需要了解不同国家的雇佣政策，以吸引优秀人才；解决语言问题，实现无障碍交流；平衡海内外文化差异，营造和谐的团队氛围。同时，负责出海业务的管理者需要提升自身的跨文化领导力，以带领团队跨越文化鸿沟，推进企业全球化进程。

6.3.1　了解海外当地的雇佣政策

在经济全球化的持续推进下，我国越来越多的企业将目光投向海外，寻求新的发展机遇。越南凭借其优越的地理位置、低廉的劳动力成本，成为我国企业出海的热门目的地之一。然而，随着大量我国企业涌入越南市场，用工合规问题更加凸显，成为企业在当地稳健发展的一大挑战。

2025年3月，越南清化省的Roll Sport中企鞋厂发生罢工事件，约2500名工人要求提高工资。在当地工会的调解下，鞋厂最终同意加薪，工人才复工。这一事件反映出越南工人保障自身权益的意识增强，也为所有出海到越南的企业敲响了警钟——必须重视并遵守当地的雇佣政策。

想要在越南实现顺利运营，我国企业至少需要了解以下雇佣政策。

1. 最低工资标准

越南政府依据每年的经济发展状况调整最低工资标准。越南将全国划分为4个不同的工资区域，如河内市、胡志明市的大部分地区属于Ⅰ区，岘港市和海防市区属于Ⅱ区，等等。截至2024年，越南各区域新旧工资标准对比如表6-1所示。

表6-1　越南各区域新旧工资标准对比

区域	旧规定		新规定	
	最低月薪（单位：万越南盾/月）	最低小时工资（单位：万越南盾/小时）	最低月薪（单位：万越南盾/月）	最低小时工资（单位：万越南盾/小时）
Ⅰ区	468	2.25	496	2.38
Ⅱ区	416	2	441	2.12
Ⅲ区	364	1.75	386	1.86
Ⅳ区	325	1.56	345	1.66

企业支付给员工的工资不能低于所在区域的最低工资标准，否则将面临严厉的法律制裁和声誉损害。

2. 社会保险与医疗保险

依据越南《社会保险法》，企业有义务为员工缴纳社会保险和医疗保险。具体缴纳比例为：社会保险，企业承担 17.5%，员工承担 8%；医疗保险，企业承担 3%，员工承担 1.5%；失业保险，企业与员工各承担 1%。

3. 外籍员工管理

越南对外籍员工的管理极为严格。外籍员工在越南工作必须取得工作许可证，且数量不得超过企业员工总数的 3%。此外，外籍员工的合同期限最长为两年，须定期更新工作许可证。

4. 工时与加班规定

越南《劳动法》明确规定：标准工作时间为每周不超过 48 小时，每天不超过 8 小时；加班时间每月不得超过 30 小时，且企业必须依法支付加班费（平时加班按 150% 工资计算，周末为 200%，法定节假日为 300%）。企业若违反这些规定，会引发员工不满，甚至可能像 Roll Sport 鞋厂那样引发罢工事件，给企业带来严重损失。

企业在拓展海外市场时，必须深入了解目标国家的雇佣政策和劳动法规，确保用工合规。只有这样，才能避免潜在的法律风险，实现稳健发展。

6.3.2　解决客观存在的语言问题

企业跨越国界在海外开展业务，就不得不面临一个客观问题：语言沟通障碍。这一问题会引发一系列连锁反应，可能导致误解、项目延误甚至丧失宝贵的商业机会。为了解决这一问题，企业可以采取以下策略，如图 6-1 所示。

1. 提供多语言培训

企业可以从内部着手，通过为员工提供多语言培训，帮助员工掌握多种外语，提升其海外沟通能力。这不仅限于传统的课堂教学，还可以借助在线学习平台、互动式语言应用，以及邀请母语讲师进行指导等方式。此外，鼓励员工参与实际的语言交流活动，如模拟商务谈判或角色扮演练习，可以进一步巩固所学知识，增强他们在真实工作场景下的应变能力。

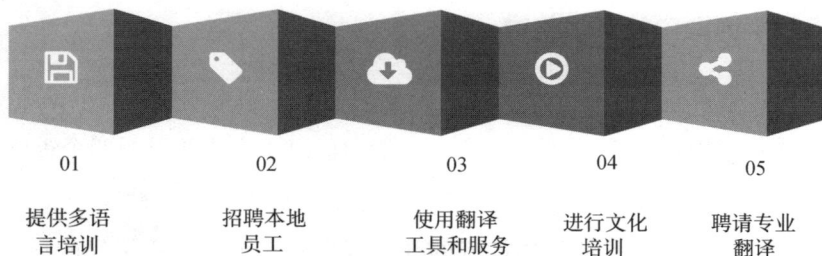

图6-1 如何解决语言问题

2. 招聘本地员工

在进入新市场时，企业可以考虑招聘当地员工。这些员工不仅精通当地语言，还深谙当地文化和市场环境。他们的加入不仅能为企业提供精准的市场洞察，还能在内部起到桥梁作用，促进不同文化背景员工之间的交流与融合。

3. 使用翻译工具和服务

翻译工具和服务为出海企业解决语言问题提供了新的选择。借助 AI 翻译等先进技术，企业可以快速实现文档、邮件和网站内容的跨语言转换。然而，值得注意的是，翻译工具虽便捷，但可能因文化差异而导致误解，也无法准确翻译一些专业的行业术语。因此，在使用翻译工具时，企业应保持谨慎，并结合人工审校，确保信息准确传达。

4. 进行文化培训

文化差异也是企业出海过程中需要重视的问题。为此，企业可以为员工提供文化培训，帮助他们了解不同文化背景下的礼仪规范、价值观和商业习惯。这样不仅能减少因文化差异而引发的误解和冲突，还能提升企业在跨文化环境中的适应能力和竞争力。

5. 聘请专业翻译

在一些关键场景下，如重要商务谈判、法律文件翻译或接待重要客户等，企业还须考虑聘请专业翻译和口译员。他们拥有丰富的经验和专业的技能，能够确保交流的准确性和流畅性，从而为企业赢得更多信任和合作机会。

6.3.3 平衡海内外文化差异

跨文化管理学家格特·扬·霍夫斯泰德与其父亲吉尔特·霍夫斯泰德合著的《文化与组织：心理软件的力量》一书中提出了文化差异的四个维度：权力距离、不确定性规避、个人主义与集体主义、男性度与女性度。

其中，权力距离指的是地位低的社会成员对权力分配不平等的接受度。大部分亚洲国家是长权力距离文化，更注重权力的约束力，而欧美国家则是短权力距离文化，更注重员工的个人能力。

在管理逻辑上，出海企业须充分尊重不同国家文化差异。在权力距离较长的地区，企业在决策过程中，应适当强化管理层权威，决策流程相对集中高效。但在权力距离较短的地区，企业应鼓励员工积极参与决策，通过民主投票、小组讨论等方式，让员工充分表达意见，提升员工的参与感与对企业决策的认同感。

不确定性规避指的是一个社会在面对不确定性事件时能否采取正规手段来避免或控制。不确定性规避程度高的国家或地区，如日本、俄罗斯、法国等，人们往往拒绝接受陌生的事物；而在不确定性规避程度低的国家或地区，如美国、英国、丹麦等，人们比较有冒险精神，更乐于接受陌生事物。

个人主义与集体主义反映了在一个社会中，人们是更加关注个人利益还是集体利益。例如，欧美属于个人主义，而中国属于集体主义。

男性度与女性度揭示了社会的性别属性，以及对男性和女性职能的界定。男性度国家或地区（如澳大利亚、日本等）崇尚奋斗、竞争，女性度国家或地区（如芬兰、荷兰、瑞典等）则更宽容，人们更谦虚、温和。

在出海过程中，企业面临着海内外文化差异带来的巨大挑战。以TCL并购法国汤姆逊公司组建TTE公司为例：并购并未如TCL预期般提升综合效益，相反，TCL集团年净利润锐减一半，TTE的不良业绩直接致使集团亏损。这背后，文化差异成为关键阻碍因素。

TCL 的企业文化以"诸侯分权"为特色，创始人李东生习惯分权管理，看重业绩，较少干涉各子公司管理细节。企业内员工加班加点是常态，行动迅速。但在法国汤姆逊公司，受法国文化熏陶，员工极为注重生活品质与闲暇时间，秉持工作与休息严格区分的理念。

据说李东生在法国时，曾在周末召集会议，却发现所有参会人员均将手机调成静音模式，这令他大为诧异。在文化差异下，TCL 对汤姆逊大量职位进行调整，安排 TCL 人员担任主要职位，引发原法国管理人员的强烈不满。结果是，法国员工中的高层经理基本离职，市场和销售一线经理也纷纷离去。

为了平衡海内外文化差异，出海企业可以采取一系列措施。以吉利收购沃尔沃为例，吉利发现其与沃尔沃在语言、价值观、经营理念方面存在巨大差异。因此，吉利对两国员工进行语言培训，提高员工的双语交流能力；建立通用财务标准；与当地员工建立良好联系；聘请本土人才；保留原有的部分管理人员，并允许沃尔沃独立运营。这些措施有效地缓解了文化冲突，确保了吉利稳定度过收购后的磨合期。

6.3.4　因地制宜的员工激励政策

不同国家和地区有着各自独特的文化背景、法律环境以及市场条件，员工喜欢的激励方式也各不相同。例如，在东南亚一些发展中国家，员工可能更看重基本工资的增长和工作稳定性；而在欧美发达国家，员工往往更加关注职业发展和个人成就。因此，企业需要根据当地的实际情况来设计激励措施，而不是简单地将国内的成功模式复制到海外。

正泰国际是我国一家知名的电气设备制造商，面对海外市场的挑战，它推出了一项名为"国际蓝海行动"的策略，旨在通过与当地合作伙伴深度融合，共同开发新市场。

意大利作为欧洲文化与经济的重要枢纽，家族企业传统深厚，人们对企业股权极为重视，认为持有股权代表着对企业的深度参与和归属感。正泰国际充分考量这一特点，选择意大利作为试点，出让部分股权给优质合作伙伴及骨干员工，成立合资公司，并建立命运共同体。

此外，正泰国际还在意大利子公司组建了由中方管理人员、本土高级职业经理人和当地合作伙伴代表组成的国际化管理团队，并配合搭建符合当地实情的股权激励机制，使公司发展与员工成长紧密结合，激发了员工的自驱力。

除了股权激励，还有其他多种方式可以用来激励海外员工。例如，根据当地的文化特点和员工需求，提供灵活的工作时间安排或者额外的福利待遇；对于表现优秀的员工给予公开表彰，提升他们的职业成就感和社会地位；鼓励员工参与决策过程，让他们感受到自己的意见被重视；定期组织团队建设活动，增强团队凝聚力；等等。

总之，我国企业在出海过程中应当注重理解和尊重当地的文化习俗和法律法规，采取有针对性的员工激励政策。这不仅能帮助企业在竞争激烈的国际市场中立足，还能促进跨文化交流，实现互利共赢。

第07章

业务重构：
迎合市场做本土化调整

　　在全球商业版图中，出海企业若想拔得头筹，业务重构与本土化调整势在必行。本章将深入剖析业务重构的底层逻辑，从以大局观规划海外业务，到实施本土化改造（如小牛电动车因地制宜打造商业模式、喜茶推出新加坡限定产品），再到规避风险（如应对"0元购"、化解母子公司矛盾等）。让我们一同探寻企业迎合市场、制胜海外的秘籍。

7.1 大局观：海外业务规划

海外业务规划绝非简单的任务罗列，而是要站在宏观的视角，综合考量全球经济形势、目标市场的潜力与风险、行业发展趋势以及企业自身的优势与短板等诸多因素。只有以全局性的思维进行系统规划，企业才能在海外市场中把握航向，稳健前行，驶向成功的彼岸。

7.1.1 如何做好海外业务规划

海外市场具有复杂性和多样性，给出海企业带来了新的挑战。想要在海外市场立足并取得成功，企业就要做好全面的海外业务规划。下面将深入探讨出海企业如何做好海外业务规划，如图 7-1 所示。

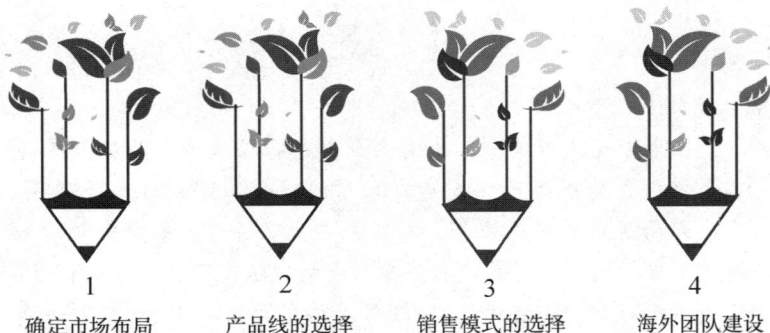

1	2	3	4
确定市场布局	产品线的选择	销售模式的选择	海外团队建设

图7-1　做好海外业务规划的要点

1. 确定市场布局

企业需要进行深入的市场调研与分析，以确定将哪些国家或地区作为重点开拓的目标市场。市场调研应包括但不限于经济环境评估（如 GDP 增长率、通货膨胀率、货币稳定性），行业现状和发展趋势，主要竞争对手分析以及法律法规要求等。例如，新兴科技公司可能会优先考虑那些对技术创新持开放态度且政策支持度高的市场，如新加坡、以色列等。

2. 产品线的选择

企业要深入了解目标市场的需求特点和竞争态势，以决定推出哪些产品以及各产品的定位。例如，某国内小型家电企业在拓展欧美市场时，考虑到当地消费者对高端、智能化、节能环保的家电产品有较高需求，同时市场上已存在众多传统家电品牌，于是选择将具有先进智能控制技术和高效节能性能的高端家电系列作为主推产品，而一些在国内市场受欢迎但不符合欧美市场需求的中低端产品则不推出或仅作为尝试性产品。

3. 销售模式的选择

常见的销售模式包括直销、分销以及"厂商+代理"等，企业须根据产品特性、目标市场特点和自身资源状况来合理选择。对于一些技术含量高、需要专业售前售后服务的产品，如工业自动化设备，企业可以采取直销模式，以便直接与客户沟通，深入了解客户需求并提供定制化解决方案。而对于消费类电子产品，借助当地成熟的分销渠道或与当地有实力的代理商合作，则可以快速将产品铺向更广泛的零售终端，扩大市场覆盖面。

4. 海外团队建设

人才是支撑海外业务发展的基石。一方面，企业可以从内部选拔优秀人才赴外任职，培养一批既懂本土文化又熟悉总部战略意图的复合型人才；另一方面，也要注重从当地招募专业人士，尤其是那些掌握关键技能或拥有丰富人脉资源的人才。

至于中方与外籍人员的比例，应视具体情况而定，通常建议保持一定比例的中方管理人员作为桥梁，促进文化交流与融合。同时，为激励外派员工的积极性，还须设计合理的薪酬福利体系及职业晋升通道。

总之，要做好海外业务规划，企业不仅要具备敏锐的市场洞察力，还要善于整合内外部资源，灵活运用多种手段推动业务发展。

7.1.2 正确看待海外业务流程悖论

出海企业的海外业务流程中常常存在一些看似矛盾的现象，即海外业务流程悖论。正确理解和应对这些悖论，对于企业在国际市场上取得成功至关重要。

海外业务流程悖论体现在多个方面。例如，标准化与本地化的冲突。一方面，企业为了提高效率、降低成本和便于管理，倾向于在全球范围内推行标准化的业务流程，从产品研发、生产制造到市场营销和客户服务，都遵循统一的模式和规范；另一方面，不同国家和地区的市场有着独特的文化、消费习惯、法律法规和商业环境，这又要求企业对业务流程进行本地化调整，以更好地适应当地市场需求和竞争态势。这种标准化与本地化之间的矛盾，如果处理不当，可能导致企业在海外市场陷入困境。标准化过度，可能导致产品或服务在当地缺乏吸引力，无法满足当地消费者的个性化需求；而过于强调本地化，则可能增加成本、降低运营效率，甚至破坏企业整体的品牌形象和协同效应。

再如，风险控制与业务拓展的矛盾。海外市场充满了各种不确定性和风险，包括政治风险、汇率波动、文化冲突、法律纠纷等。企业为了保护自身利益，需要建立严格的风险控制机制，对海外投资、合作项目和市场进入策略进行谨慎评估和监控。然而，过度的风险控制可能会束缚企业的手脚，使其错失一些潜在的业务拓展机会。一些新兴市场虽然存在一定风险，但也蕴含着巨大的增长潜力，如果企业因害怕风险而畏缩不前，就可能被竞争对手抢占先机。

面对海外业务流程悖论，企业首先要树立辩证的思维方式。认识到这些矛盾并非不可调和，需要在两者之间找到一个动态的平衡点。以麦当劳为例，它在全球拥有统一的品牌形象和核心产品标准，但在不同国家又会根据当地口味推出特色菜品，如在印度推出素食汉堡、在我国推出油条等早餐食品，成功实现了标准化与本地化的有机结合。

企业还要建立灵活的组织架构和决策机制，能够快速响应海外市场的变化，根据当地实际情况及时调整业务流程和策略。同时，加强对海外市场的研究和分析，提前预测可能出现的风险和机遇，制订相应的应对预案。在风险控制方面，采取多元化的策略，如通过金融工具对冲汇率风险，与当地企业建立战略合作伙伴关系降低政治和文化风险等，在保障企业安全的前提下，积极推动海外业务的拓展。

7.1.3　关键点：完善海外业务配套机制

海外业务的成功离不开完善的配套机制（如图 7-2 所示）的支撑，它是企业在海外市场稳健前行的关键保障。

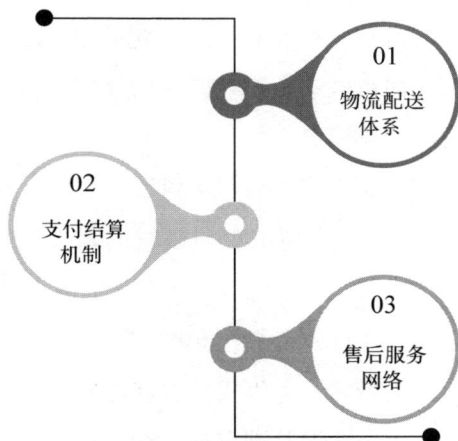

图7-2　海外业务配套机制

首先，物流配送体系是海外业务发展的基石。完善的物流配送体系能够有效避免货物运输不及时、货物丢失或损坏等问题，助力出海企业获取更多订单，在海外市场快速拓展业务。

在重庆市永川区有一家启菲亚外贸进出口中心，主要经营宠物用品。之前，因为没有海外物流渠道，该企业的产品只在国内销售。在一家跨境电商综合物流服务商的帮助下，该企业所担忧的国际物流运输、海外仓储、终端配送等问题得到妥善解决，于是其开始拓展海外市场，获取的首笔海外订单就价值 70 多万美元。

其次，支付结算机制至关重要。我国某家小型科技企业主要生产和销售智能穿戴设备，该企业决定开拓东南亚市场，产品在当地通过线上电商平台销售。在出海初期，该企业没有充分考虑到支付结算方面的问题，线上销售主要依赖国际信用卡支付和 PayPal 等通用支付方式。但在东南亚地区，很多消费者更习惯使用当地的电子钱包，如 GCash、GrabPay 等。这就导致大部分当地消费者在购买产品时支付流程烦琐，甚至经常出现支付失败的情况。

此外，在处理退款和售后问题时，由于支付结算机制不完善，流程复杂且耗时久，导致消费者的满意度大幅降低，严重影响了品牌口碑。最终，该企业在东南亚市场的业务拓展受到了很大阻碍，市场份额增长缓慢。

最后，售后服务网络是海外业务可持续发展的关键保障。随着"三蹦子"在海外网络上爆火，无锡市电动车产业园中的众多企业开启了出海征程，将产品出口到美国、英国、德国等市场。

这些企业在海外市场面临着售后服务难题，它们没有在海外建立起完善的 To C 端售后服务团队，当产品出现问题时，无法及时有效地为消费者提供维修、保养等服务。

消费者反馈问题后，往往要等待很长时间才能得到响应，或者根本得不到妥善解决，这就导致消费者满意度极低，在电商平台和一些社交平台上给出负面评价，进而影响了企业的品牌形象，使得产品销量增长缓慢，在海外市场的拓展也受到阻碍。

总之，完善的配套机制是企业海外业务规划的核心要点之一。通过构建高效的物流配送体系、优化支付结算机制以及打造完善的售后服务网络，企业能够更好地适应海外市场的复杂性和多样性，实现海外业务的长期繁荣与稳定发展。

7.2 海外业务本土化改造

对于出海企业而言，仅仅将国内成功的商业模式、产品、服务复制到国外已不足以应对复杂的国际市场环境。出海企业应进行海外业务本土化改造，根据目标市场的文化、法规、消费者偏好等因素进行深度调整，以更好地融入当地市场，提升品牌认知度与忠诚度，从而实现可持续增长与发展。

7.2.1　商业模式本土化

为了在海外市场上取得成功，商业模式本土化成为众多企业的必然选择。商业模式本土化绝非简单的移植或模仿，而是深入理解并融入目标市场独特的经济、文化、社会和商业生态系统的复杂过程。

在全球化进程中，小牛电动车通过深入洞察不同市场的特性，实施了一系列精准的商业模式本土化策略，如图7-3所示。

图7-3　小牛电动车商业模式本土化策略

在运营模式方面，小牛电动车采取线上线下相结合的方式，实现全方位的覆盖和服务。在线下，小牛电动车与 MediaMarkt、Fnac、Bestbuy 等有实力的经销商合作，开拓海外市场，并在当地建立销售和售后服务网络。在线上，小牛电动车入驻亚马逊、速卖通等电商平台，扩大销售渠道，提高品牌知名度和市场占有率。同时，小牛电动车还建立了自己的官方网站和在线商城，为消费者提供便捷的购物体验和售后服务。

在渠道布局方面，在欧洲市场，小牛电动车更侧重于线下渠道；而在美国市场，则将重心放在线上。此外，小牛电动车还在一些新兴市场尝试通过独立站销售，以打通全渠道，提供更加便捷的购物体验。

在定价方面，考虑到各国居民收入水平和用车习惯的不同，小牛电动车采用了差异化的定价策略。比如，在德国、意大利等发达国家，小牛电动车的产品售价相对较高，但消费者可以享受到政府提供的一定金额的补贴；而在西班牙等国家，线上客单价会低一些，旨在吸引更多价格敏感型消费者。

综上所述，小牛电动车在海外市场实现商业模式本土化的过程中，注重运营模式、渠道布局、定价等多个方面的本土化。这些策略的实施不仅提升了小牛电动车在海外市场的竞争力和影响力，还为其未来的全球化发展奠定了坚实的基础。

7.2.2　产品本土化

产品本土化作为企业全球化战略中的关键环节，是一项系统且深入的战略工程，它涉及产品设计、包装、卖点打造等多个维度，旨在精准契合目标市场消费者独特的需求与习惯。

成功的产品本土化策略源于深入的用户调研。通过研究当地消费者的生活方式、消费心理，企业能够精准把握消费者的真正需求，有针对性地对产品进行创新与改进，进而树立起可信的品牌形象，赢得消费者的信任和支持。

以喜茶为例，在新加坡市场，其敏锐地捕捉到当地消费者的口味偏好和独特需求，推出符合当地人口味的限定产品，如榴梿冰淇淋、咸蛋黄冰淇淋、斑兰叶波波冰等。这些产品拉近了品牌与新加坡消费者的距离，品牌知名度与市场份额得以提升。

产品本土化不仅是翻译产品说明或调整包装设计，它涉及从产品功能到用户体验的全方位优化。通过利用 AI 技术，企业能够更深入地了解目标市场的消费者行为、偏好和需求，从而开发出真正符合当地市场需求的产品和服务。

在外观设计方面，企业可利用 AI 图像识别与生成技术，参考当地文化元素、流行趋势以及审美偏好，打造贴合当地消费者审美的产品外观。在功能定制上，AI 更能大显身手。比如，针对东南亚地区炎热潮湿的气候特点，某空调企业借助 AI 优化产品的制冷与除湿功能，并通过智能算法实现更精准的温度控制，为当地消费者带来更舒适的使用体验。

语言交互的本土化也是产品在海外市场取得成功的重要因素。AI 自然语言处理技术能够实现产品界面、操作指南以及客服交互的多语言精准翻译与本地化表达。以某手机品牌为例，其搭载的 AI 语音助手，可识别多种外语及当地特色方言，并以符合当地语言习惯的方式进行回应，极大地提升了用户使用产品时的亲切感与便捷性。

我国视源股份就是借助 AI 实现产品本土化的成功典范。其以显示、控制、连接和交互技术为核心，产品覆盖教育、会议等多个领域。在教育数字化解决方案中，视源股份利用人工智能大模型，为教师提供自动生成课件、批改作业、课堂教学分析等功能。在开拓印尼市场时，针对当地教育机构远程教育面临挑战的情况，视源股份的交互智能平板和课堂捕捉系统，助力印尼雅加达理工学院实现课堂与远程教育的平衡，显著提升教学效率，成功地在当地市场站稳脚跟。其相关产品已拓展至 140 多个国家和地区，与超过 100 个品牌客户形成稳定合作。

借助 AI 这一强大工具，企业能够打造出更贴合海外消费者需求的产品，在全球市场竞争中抢占先机，实现可持续发展。

7.2.3　服务本土化

服务本土化意味着企业根据目标市场的消费者需求、文化习俗和法律法规等因素，提供符合当地市场需求的服务，以提升客户满意度和忠诚度。服务本土化需要从多个方面入手，如图 7-4 所示。

1	2	3
了解消费者需求	考虑到文化差异	打造专业化团队

图7-4　服务本土化的要点

首先，企业需要深入了解目标市场的消费者需求，提供个性化服务。例如，海底捞考虑到欧美地区消费者注重个人隐私和用餐效率，因此在保留热情、周到的服务特色的基础上，适当调整了服务的度。服务员不会像在国内那样频繁地为顾客提供各种额外服务，而是更加尊重顾客的私人空间，同时确保点餐、上菜等流程高效快捷。

其次，服务本土化还需要考虑文化差异的影响。不同国家和地区的文化

113

习俗各不相同，企业需要在服务过程中尊重当地的文化习俗，避免文化冲突和误解。例如，在阿拉伯国家，企业员工要避免用左手接触客户或为客户服务。

最后，打造一支熟悉当地情况的专业团队是实现服务本土化不可或缺的一环。宁波某小家电品牌专注于厨房类健康饮食小家电，以创新设计、卓越性能和时尚外观而闻名，赢得了消费者的广泛赞誉。然而，在进军拉丁美洲市场时，该品牌遇到了一系列客户服务方面的挑战，包括响应速度慢、话术生硬、无法提供当地语言支持等。这些问题对品牌形象造成了负面影响，并阻碍了销售增长。

为了解决这些问题，该品牌选择与一站式全球客服外包呼叫中心Callnovo合作。通过合作，该品牌在美国、英国、西班牙、德国等多个国家和地区开通免费客服热线，确保拉美地区的消费者可以方便快捷地联系到品牌，搭建起全天候畅通的沟通渠道。

Callnovo还从其南美呼叫中心精心挑选出5位经验丰富、能力出众的英西双语客服人员，助力该品牌组建一支专业的客服团队。这些客服人员都拥有两年以上跨境电商行业经验，接受了全方位、系统性的培训。培训内容涵盖该品牌旗下各类产品的详细知识，从产品的功能特性、使用方法到维护保养等方面，确保客服人员能够为消费者提供准确、专业的产品咨询服务。

得益于Callnovo的支持，在短短三个月内，该品牌的拉美市场销售额提升30%。同时，由于客户满意度大幅提升，退货率降低了50%，并且品牌在各大电商平台上的好评率超过95%。该品牌成功在竞争激烈的拉美小家电市场中站稳脚跟，并为进一步扩大市场份额奠定了坚实的基础。

7.2.4 案例研究：Akko以本土化产品打开海外市场

相关调研结果显示，预计2026年，全球机械键盘市场规模将达到170亿元。在硝烟弥漫的全球机械键盘市场上，一个年轻的品牌横空出世，它就是Akko（艾酷）。凭借独特的本土化产品策略，Akko成功地在海外市场闯出了一片广袤天地。

在国内，Akko凭借优质性能和潮流设计在机械键盘领域锋芒毕露，在电商平台"双11"大促中曾斩获垂直类目第一名。2021年，Akko进军海外市场，而产品本土化则是其打开海外市场的制胜法宝。

针对欧美市场，Akko深入洞察当地用户的需求和习惯。在键盘布局上，考虑到欧洲小语种国家输入法的不同，将美式键盘的长方形回车键改成"7字型"，并替换部分符号、字符键位，以完美契合本地人使用习惯。

在产品风格上，Akko在欧洲主打工业风，满足欧洲消费者对机械感和质感的追求；在美国则推崇时尚感与科技感，打造出时尚潮流的键盘。此外，根据欧洲用户偏好DIY键盘的特点，Akko支持其定制键盘的布局、键帽等，为用户提供丰富的个性化选择。

Akko在欧美市场的定价也充分考虑了当地的消费能力和市场竞争情况，其产品售价为64.99～129.99美元，覆盖了中高端市场，精准满足欧美消费者对品质和品牌的追求。

对于东南亚市场，Akko采取了不同的战术。鉴于东南亚地区消费者更注重性价比，Akko打造了子品牌Monsgeek（魔极客），以50美元左右更具性价比的定价从中端市场切入，迅速赢得了当地消费者的喜爱，在菲律宾、马来西亚等市场收获了大量忠实拥趸。

除了产品设计和定价本土化，Akko还通过打造IP主题来强化品牌特色。其大胆颠覆传统的键盘设计，与海贼王、七龙珠、哆啦A梦、火影忍者、海绵宝宝、玉桂狗等一众热门IP联名，推出了一系列色彩丰富、主题多样的键盘。用户有了更多的选择，Akko也成功塑造了潮酷、充满活力的品牌形象，吸引了全球范围内的众多粉丝。

在营销方面，Akko因地制宜，进行了多元化布局。在欧美，其主要依托亚马逊等电商平台，同时利用YouTube、Reddit等社交媒体平台，发布吸睛的产品视频、与网红达人合作，提升品牌曝光度；在东南亚，其以当地电商巨头Shopee为主要阵地，更贴近当地消费者的购物习惯。

凭借这一系列本土化组合拳，Akko在海外市场取得了显著的成绩。最初出海时其亚马逊店铺月GMV为20万美元，短短半年后就飙升到140万美元。

如今，Akko 的产品遍布全球 30 多个国家和地区，但其仍在不断探索和创新，旨在进入中东、拉丁美洲等新兴市场，持续扩大市场规模。Akko 的成功经验为其他想要出海的品牌提供了宝贵的借鉴。在全球化的浪潮中，只有深入了解不同市场的文化、需求和消费习惯，推出符合当地特色的本土化产品，才能真正实现品牌的全球化发展。

7.3　风险规避：解决那些麻烦事

在海外市场中开展业务，企业面临很多挑战，如"0 元购"等盗损问题、母子公司之间的博弈等。企业应了解这些风险，提前制定应对措施，确保海外业务能够平稳运行并持续发展。

7.3.1　盗损问题：小心"0 元购"

品牌出海过程中隐藏着一系列潜在风险，如"0 元购"等盗损问题。"0 元购"并非真正意义上的免费购物，而是指品牌在海外市场遭遇恶意盗窃、哄抢等极端行为，导致产品大量流失且无法获得应有的收益，这会给品牌造成严重的经济损失。这一现象的产生往往与当地复杂的社会环境、不稳定的治安状况以及经济发展不平衡等因素密切相关。

一些品牌在进入海外某些地区时，由于对当地的治安形势不了解，没有采取有效的防范措施，因而店铺成为不法分子的目标。例如，在某些社会治安较为薄弱的城市街区，品牌专卖店可能会频繁遭遇"0 元购"事件。这些不法分子往往成群结队，在短时间内大量抢夺商品后迅速逃离现场，给品牌的运营带来极大的冲击。

从品牌自身的角度来看，应对"0 元购"问题需要多管齐下。首先，在店铺选址上，要进行充分的市场调研和风险评估，尽量避开高风险区域，选择治安相对较好的地段开设店铺。

其次，加强店铺的安保措施，如安装先进的监控设备、雇用专业的安保人员、设置防盗报警系统等，提高店铺的安全性。

再次，与当地的执法部门建立良好的合作关系，及时沟通信息，确保在遭遇"0元购"等事件时能够迅速得到他们的支持和协助，将损失降到最低。

最后，品牌还应从长远的角度出发，积极参与当地社区建设和公益活动，提升品牌在当地居民心目中的形象和声誉，赢得当地民众的认可和尊重，从而在一定程度上减少因社会矛盾而引发的针对品牌的恶意行为。

名创优品在北美市场就遇到过"0元购"问题，在4个月内损失了价值高达100万元的商品。对此，名创优品采取了一些措施（如表7-1所示），但也承担了更高的成本。

表7-1　名创优品针对北美市场"0元购"现象的措施

措　施	目　的	负面影响
减少商品库存，高频进货	降低门店被偷盗的风险，减少损失	一些商品很快售罄，无法及时补货
在货架上安装锁扣	增加偷盗商品的难度	客流高峰店员须频繁给商品解锁，影响正常销售
增加商品盘点的次数	核对系统数据和实际数据	人力成本增加

品牌在海外拓展业务的过程中，必须高度重视盗损问题，尤其是"0元购"现象，提前制定防范措施，妥善应对各种突发情况，以保障品牌的合法权益，在海外市场站稳脚跟，实现商业目标。

7.3.2　总部与海外子公司的隐性博弈

随着海外业务的拓展，国内企业总部与海外子公司之间常常陷入一种微妙、隐性的博弈状态。

从权力分配的角度来看，总部往往希望保持对全局的掌控，通过制定统一的战略、财务和人事政策，确保企业在全球范围内的一致性和协调性。但海外子公司身处当地市场，更了解本土的文化习俗、消费者偏好和商业规则，它们渴望拥有更多的自主权，以便灵活地应对当地市场的变化和竞争。

例如，在产品研发方面，总部可能倾向于推行标准化的产品，以降低成本和提高生产效率；而海外子公司则可能根据当地消费者独特的需求，要求对产品进行本地化改进和创新，这就可能引发双方在决策权上的争夺。

资源分配也是博弈的焦点之一。总部需要在各个子公司之间平衡资源，以实现整体利益最大化。然而，海外子公司为了自身的发展壮大，会极力争取更多的资金、人力和技术等资源。那些市场潜力大、业绩表现好的子公司，可能会认为自己应该得到更多的资源倾斜；而总部则要考虑全局的战略布局和资源的最优配置，这可能导致部分子公司觉得自身发展受到限制，从而产生不满情绪和博弈行为。

文化差异进一步加剧了这种博弈。总部所在的本土文化与海外子公司所处的当地文化可能存在巨大的差异，这反映在工作方式、沟通风格和价值观念上。总部的管理模式和企业文化在海外子公司推行时可能会遇到阻力，海外员工可能对总部的一些决策和指令存在理解和执行上的偏差，而总部也可能难以完全理解海外子公司的实际困难和需求，以致在日常运营中产生摩擦和博弈。

尽管存在这些隐性博弈，但出海企业也应认识到，总部和海外子公司的目标本质上是一致的，即助力企业实现全球化发展。因此，建立有效的沟通机制至关重要。通过定期的会议、报告和信息共享平台，双方能够充分交流各自的想法、需求和问题，增进理解和信任。

同时，构建合理的权力分配和资源分配体系，根据海外子公司的成熟度和当地市场的特点，给予其适当的自主权和资源支持，在保持企业整体战略方向的前提下，激发海外子公司的积极性和创造力。

此外，开展跨文化培训，促进文化融合，减少文化冲突带来的负面影响，使总部和海外子公司能够携手共进，共同应对海外市场的挑战。

7.3.3　案例研究：名创优品的母子公司矛盾

随着海外子公司的建立，名创优品在海外市场上的运营模式呈现出一种混合形态，即子公司在一定程度上延续了代理模式的订货和自主经营，同时又承担了公司战略中的非销售任务。这种模式在实际操作中引发了一系列矛盾和问题。

首先，子公司在订货决策上往往处于被动地位。总部的商品部有独立的

KPI 考核体系，其主要目标是将商品销售给子公司，而不直接对子公司的销售状况负责。这就导致商品部与子公司之间存在利益冲突：商品部为了完成自己的业绩目标，向子公司强行推销某些商品，而不考虑这些商品在当地的销售情况。如果这些商品在当地滞销，子公司不得不采取打折或组合销售等措施来处理，这无疑会牺牲利润率。

以美国市场为例，名创优品将纽约时代广场的旗舰店视为海外市场的重要标杆。为了树立品牌形象，总部为美国市场专门开发产品。然而，美国子公司更关注的是销售情况，这些特别开发的产品反而带来销售压力。由于子公司的财报需要合并到总部，理论上总部应与子公司共同承担销售风险，但组织架构上的问题导致了责任脱节。

此外，总部出货价的持续上涨也给子公司带来了额外的经营压力。理论上，子公司订货量不变的情况下，总部的收益会增加。管理层希望通过提高商品毛利来抵消各种损耗和费用，以使报表更加好看。但这种做法忽视了子公司的实际销售能力，导致一些地区的子公司销售难度增加。

这种矛盾的根源在于组织架构和考核机制的设计。商品部的独立考核机制使得其与子公司的销售状况脱节，导致双方在业绩上是隐性竞争的关系。即使子公司销售部门反馈商品不适合销售或者定价不合理，也往往被商品部的声音所压倒，子公司在面对总部的决策时显得无力和无奈。

综上所述，在直营模式下，名创优品母子公司之间的矛盾主要体现在组织架构和考核机制上。商品部与子公司之间的利益不一致，以及总部对子公司销售状况的忽视，共同导致了子公司在经营上的被动。为了解决这些问题，名创优品需要重新审视和调整其组织架构和考核机制，确保总部与子公司之间能够实现真正的协同和共赢。

第 8 章

渠道布局：
从线上和线下挖掘机会

　　随着互联网流量红利逐渐消退，全球流量成本越发昂贵，各大品牌对于渠道的争夺更加激烈。本章将深入探讨如何通过多元化的渠道策略抢占市场高地。首先，分析如何搭建精准的渠道，如 EcoFlow 的全渠道成功布局。其次，讨论电商平台、自营独立站等线上渠道布局，重点介绍 SHEIN 如何通过独立站模式成为快时尚领域的领军者。最后，转向线下渠道布局，以名创优品、达芬骑等为例，揭示它们在线下渠道布局方面的策略。

8.1 渠道已经成为各方竞争高地

在全球化的商业环境中，渠道不仅是连接品牌与消费者的桥梁，还是决定市场份额的重要砝码。为了在国际市场竞争中脱颖而出，品牌需要在渠道建设上下足功夫，不仅要抢占先机占领有利位置，还要不断创新优化现有渠道结构，使之更加贴近当地市场需求，最终形成难以复制的竞争优势。

8.1.1 竞争壁垒：搭建精准的渠道

我国众多品牌在国际市场中厮杀拼搏，都渴望分得一杯羹。而在激烈的角逐中，搭建精准的渠道已成为构建竞争壁垒的关键所在。

搭建精准的渠道，需要企业对目标市场进行深入细致的调研。了解不同地区消费者的文化背景、消费习惯、购买能力以及市场需求的差异，是确定合适渠道的基础。例如，在欧美市场，消费者更倾向于线上购物平台和大型零售商，而在一些新兴市场，线下的小型零售店和集市可能仍占据重要地位。企业只有精准把握目标市场的特点，才能有的放矢地选择与之匹配的渠道，确保产品能够精准触达目标客户群体，避免资源浪费和无效投放。

线上渠道是出海企业打开国际市场的重要切入点。通过打造品牌官方网站，企业能够展示品牌形象、产品特色和优势，为消费者提供直接、便捷的购物体验。同时，利用社交媒体平台进行营销推广，可以提升品牌知名度和影响力，吸引潜在用户。

一些出海美妆品牌借助 Instagram、TikTok 等平台输出美妆教程、产品试用体验等内容，吸引了大量粉丝关注，并将流量成功转化为销售订单。此外，与电商平台合作，如亚马逊、速卖通等，能够借助其庞大的用户基础和成熟的物流配送体系，快速拓展市场份额，提高产品销售效率和市场覆盖率。

线下渠道同样不可忽视。参加国际展会、举办产品发布会、与当地经销商建立合作关系等，都是有效的线下渠道拓展方式。在展会中，企业可以直接与客户面对面交流，展示产品的实际效果和优势，获取第一手的市场反馈信息，从而优化产品和营销策略。与当地经销商合作，则能够借助其丰富的市场资源和广泛的销售网络，迅速将产品渗透到当地市场，提高产品的铺货率和可见度。

搭建精准的渠道并非一蹴而就，需要企业持续投入资源和精力进行优化和维护。出海企业要不断跟踪渠道的销售数据和市场反馈，及时调整渠道策略，淘汰低效渠道，拓展优质渠道，以确保竞争壁垒稳固而持久。

总之，在全球化的商业浪潮中，出海企业若想在激烈的市场竞争中脱颖而出，搭建精准的渠道是关键之举。只有通过深入调研市场、合理布局线上线下渠道，并持续优化渠道策略，企业才能构筑起坚实的竞争壁垒，在国际市场中稳步前行，开创属于自己的辉煌。

8.1.2 从单一渠道到多渠道、全渠道

在出海初期，品牌往往依赖于单一渠道销售产品，如大型批发商、跨境电商平台等。随着在海外的市场份额进一步扩大，品牌会拓展不同类型的销售渠道，如社交媒体平台、线下零售商、品牌独立站等，进行多渠道建设，以触达更广泛的用户群体。在形成一定的品牌力之后，品牌就可以着手进行全渠道建设，实现全渠道整合、协同以及线上线下渠道无缝衔接。

进行全渠道布局，品牌能够构建一个完整的渠道生态系统，涵盖品牌官网、电商平台、线下门店、自有 App 等多种渠道，而且这些渠道能够实现数据共享、库存同步、营销协同等。例如，消费者可以在品牌官网下单，到线下门店提货，或者在实体店体验产品后，在线上下单购买。

追觅科技是我国的一个智能家电品牌，其在 2018 年开始进行全球化布局，通过跨境电商平台将产品销售到海外市场。

随着海外市场份额进一步扩大，除了跨境电商平台，追觅科技还在 Facebook、YouTube、TikTok、Instagram 等社交媒体上创建品牌官方账号，通过发布定制化内容有效推广品牌和产品，吸引更多潜在用户。同时，其积极拓展新兴电商渠道，如社交电商、直播电商等，积极参与平台活动，通过打

造创意营销玩法吸引用户，并通过特色内容抢占用户心智。

在线下渠道布局方面，除了沃尔玛、家乐福等大众熟知的零售商，追觅科技还与很多海外本地的渠道商合作，入驻其线下实体门店。例如，在欧洲市场，追觅科技与德国零售商MediaMarkt合作；在东南亚市场，其与泰国大型家居零售商HomePro合作。借助海外本地头部零售商的资源和渠道，追觅科技在全球多个市场开设购物中心店、品牌线下旗舰店和快闪店，为消费者提供体验和购买产品的场所。

通过全渠道布局，追觅科技的线上线下渠道相互补充、协同发展。消费者可以在线上了解产品信息并下单购买，也可以到线下门店体验产品后再购买。线下门店提供了展示和宣传品牌的窗口，有助于提升品牌形象和消费者的信任度。

为了支撑全渠道布局策略，追觅科技探索中央工厂与外围组装工厂协作的新模式，提升生产效率和产品质量稳定性，确保产品能够及时送达各个渠道。此外，其还建立起完善的售后服务体系，为全球消费者提供及时、专业的售后服务，提升用户的满意度和忠诚度。

追觅科技的产品已进入全球100多个国家和地区，在欧洲、东南亚、中东非、北美等市场都进行了布局。截至2024年6月，追觅科技全渠道会员总数超过1000万，在全球范围内入驻的线下实体店数量超过4000家，基本实现了线上电商平台和线下购物中心、本地连锁店等多种渠道的全覆盖。

8.1.3 案例研究：EcoFlow的海外市场全渠道布局

在全球移动储备设备领域，EcoFlow（正浩）宛如一颗耀眼夺目的新星，强势崛起。这个来自中国的品牌，不仅在国内市场一骑绝尘，还在美国、日本以及欧洲多个国家等海外市场声名远扬，备受赞誉。

在拓荒海外市场的征程中，EcoFlow采取全渠道策略。在线上渠道方面，EcoFlow以独立站作为全球销售的关键据点，全方位展示品牌形象、产品细节以及技术优势，为消费者提供便捷的购买路径。同时，其在各大主流电商平台开设官方旗舰店，充分借助这些平台的庞大流量，精准触达不同类型的消费群体，极大地提升了品牌曝光度和市场占有率。

在跨境电商方面，EcoFlow 选择在 Shopify 平台上搭建美国、加拿大、日本和欧洲多个国家等地区的独立站站点。其独立站拥有良好的用户口碑以及完整的生态系统，为品牌的线上发展提供了坚实基础。

除了线上渠道，EcoFlow 也非常注重线下实体店建设。在欧洲，EcoFlow 积极拓展零售渠道，成功建立了 800 多个零售点，方便当地消费者直接购买和体验产品。此外，其与沃尔玛、Costco（开市客）等大型连锁商超合作，借助这些商超强大的市场覆盖能力和品牌影响力，进一步扩大了产品销售范围和受众群体。EcoFlow 还在一些关键城市开设品牌专卖店和快闪店，打造展示品牌形象的前沿阵地，也为线上营销提供强有力的支持。

在渠道布局上，EcoFlow 展现出敏锐的市场洞察力和精准的判断力，依据不同国家和地区的市场需求状况，制定差异化策略。对于美国、日本等户外露营渗透率较高以及对清洁能源需求旺盛的地区，加大市场投入和渠道拓展力度，优先布局销售网络，迅速响应市场需求，及时调整产品策略和营销方案。而对于那些需求相对较弱的市场，则保持稳健的发展步伐，循序渐进地推进品牌建设和渠道建设，确保资源的合理利用和市场的可持续发展。

通过全方位、有针对性的布局，EcoFlow 成功地在海外市场站稳脚跟，实现了全球化发展目标，为行业树立了优秀的典范。

8.2 线上渠道布局

我国企业出海通常以线上渠道为切入点，而线上渠道可细分为电商平台和独立站两大类。电商平台入驻门槛较低，拥有稳定的流量和成熟的商业体系，可作为企业出海的第一站。独立站则能使企业更具自主性，企业可以掌握消费者数据，深度挖掘其价值，打造专属私域流量池。

8.2.1 电商平台

作为全球规模最大、覆盖范围最广的综合性电商平台之一，亚马逊凭借其"全球开店"策略，成为我国企业出海的优选平台。

然而，随着业务的飞速发展，亚马逊所收取的费用也逐渐上升，包括保证金、月服务费、销售佣金等，入驻门槛和运营成本不断增加。更为关键的是，平台内的流量竞争也越发激烈，流量成本持续走高，给我国卖家带来了不小的压力。

随着亚马逊等海外电商平台在我国的市场规模逐渐萎缩，我国"跨境电商四小龙"——全球速卖通、SHEIN、Temu、TikTok Shop以惊人的速度崛起。

全球速卖通凭借强大的国际化战略，已经覆盖全球200多个国家和地区，并在众多地区跻身主流电商平台之列。SHEIN则通过平台化转型及"500城产业带计划"，打造了柔性供应链和一站式出海赋能服务体系，带动更多产业带出海并提升品牌力和新质生产力。

Temu作为行业新星，凭借全托管模式引领市场热潮，快速进入全球60多个国家和地区，平台下载量长期居于高位。尽管TikTok Shop在当前覆盖的国家较少，但其直播电商模式创造了惊人的GMV，市场规模持续扩大。

除了"跨境电商四小龙"等综合类电商平台，众多垂直领域的电商平台也具有强大影响力，为特定行业企业出海提供助力。例如，Etsy以原创性、个性化手工艺品为主要特色，Net-A-Porter专注于奢侈品和时尚用品，Williams-Sonoma主营厨具和家居用品，Wayfair是美国最大的家居电商平台，Newegg是美国最大的数码产品电商平台，ManoMano是欧洲最大的园艺家装电商平台，Vinted是欧洲最大的二手交易平台。

除了全球性平台，不同国家和地区的本地热门平台同样值得企业关注。在东南亚，Shopee、Lazada和Tokopedia颇受欢迎；在拉丁美洲，Mercado Libre和Americanas占据很大市场；日本有Rakuten和Qoo10；韩国有Coupang和Gmarket等。

总之，出海企业不应仅将目光局限于亚马逊，而要广泛探索多元化的线上渠道，结合自身产品特性进行精准布局，以成功开拓海外市场。

8.2.2　自营独立站

许多出海企业认为依赖平台销售产品更为稳妥，因为平台自带流量，它们只须专注于店铺的运营。相比之下，搭建独立站则意味着企业需要自行吸引流量。

其实，这种想法是片面的，因为有了独立站，企业可以通过投放广告来获取流量。而且独立站的一大优势在于，企业可以自由购买尽可能多的流量。在偌大的互联网世界中，流量来源非常丰富。例如，Google 和 YouTube 作为全球搜索引擎巨头，用户量分别高达29亿和15亿，更不用说Facebook、TikTok、微信、快手等拥有庞大用户基础的社交媒体平台了。

如果企业适合采用独立站模式，就无须顾虑流量问题，可以放心大胆地搭建独立站。企业搭建独立站的具体步骤如图 8-1 所示。

图8-1　企业搭建独立站的具体步骤

1. 选择合适的域名

域名通常由二级域名和顶级域名两部分构成。以"www.abcd.com"为例，".abcd"为二级域名，".com"为顶级域名。顶级域名代表不同的类型或国家，如 ".com" ".net" ".org" 等。二级域名可由卖家自由创建，可以由字母或数字组成，中间不能有空格。

域名要尽量简短，而且最好选择 ".com" 后缀的域名，也可以将商品名、品牌名作为域名，更有利于 SEO 优化。另外，选择好合适的域名后，企业要核实这个域名是不是曾经被弃用的域名，同时可以经常更换域名，以提高独立站搜索引擎排名。

2. 选择合适的建站平台

选择好域名后，企业就要寻找合适的建站平台，如 Shopify、GoDaddy、

WordPress、Squarespace 等。企业通常可以从建站速度、建站成本、功能定期更新情况、售后服务等方面对建站平台进行评估，以选择最适合自己的建站平台。

3. 网站板块规划与网页设计

在网站板块规划方面，企业要关注五个要素：导航栏、网站标志、标题、内容板块、页眉与页脚。其中，网站标志通常设置在网站首页的醒目之处，而标题一般显示在浏览器上方窗口的标题栏中。板块规划完成后要进行网页设计，使网页更美观。

在网页设计方面，企业要重视色彩设计，即色彩要统一，有整体感。另外，企业要注意不要在网页中填充太多内容，要保证突出主要的产品卖点，可以展示热门产品、企业优势、服务内容等重要信息。

4. 建立便捷的支付系统

收付款是企业搭建独立站要重点关注的一个方面。企业选择支付方式，既要结合产品的特点，又要考虑消费者的支付偏好。以下是企业可以选择的几种支付方式，包括 Paypal（开户条件简单，可以在我国的银行轻松提现）、WorldFirst（适合交易额度小且受众群体分布广的企业）、信用卡（与 Visa、MasterCard 等国际信用卡组织合作，或直接对接海外银行）等。企业也可以与第三方支付平台合作，建立便捷、支持多种支付方式的支付系统。

5. 跨境物流建设与管理

独立站的发货模式主要有 4 种：自发货、无货源（通过供货源即分销平台发货）、海外仓、虚拟仓。企业可以根据自己的实际情况选择合适的发货模式和物流渠道，以提高物流效率。

当下是流量红利时代，企业可以通过广泛的宣传和推广解决独立站的流量问题。搭建独立站已成为企业拓展业务、提升品牌影响力的重要举措，助力企业打开海外市场的增量之门，实现快速成长与发展。

8.2.3　案例研究：SHEIN以独立站模式强势出海

SHEIN 专注于快时尚跨境电商领域，是我国独立站成功出海的典范。

SHEIN 的业务范围包括女装、男装、童装、珠宝、化妆品、鞋类等，覆盖超过 150 个国家和地区，特别是在欧美及中东市场占据重要地位。

2023 年，SHEIN 完成了对全球知名零售巨头 SPARC 集团约 1/3 股权的战略性收购。这一举措使得 SPARC 集团旗下 Forever 21 等众多风靡时尚界的品牌以及全球超过 4200 个实体零售网点被纳入 SHEIN 麾下。此举无疑进一步巩固了 SHEIN 在全球时尚产业链中的核心地位，为其国际化征程注入了强劲的动力。

SHEIN 之所以能在激烈的市场竞争中脱颖而出，主要归因于其独树一帜的品牌建设策略与高效运转的供应链体系。自成立以来，SHEIN 始终致力于品牌塑造与供应链优化，成功实现了从单一品牌向综合性电商平台的战略转型。

在全球化的浪潮中，SHEIN 深谙产业赋能之道，致力于模式升级与优化。它创造性地推出了"自主运营 + 代运营"并行的双轨模式，为不同需求的商家提供了灵活多样的合作方案。

以鞋类品牌 Joey 为例，其采用 SHEIN 的自主运营模式，通过精准的市场定位、灵活的产品策略以及独具匠心的设计理念，在短时间内便实现了商品上架与销售额提升。而商家 Ben 则选择代运营模式，在 SHEIN 的专业支持与指导下，其得以更加专注于产品开发与生产，其经营状况因此得到了显著的改善，品牌也实现了快速发展与扩张。

为了进一步强化竞争优势，SHEIN 进行了大规模的资金投入与技术革新。2023 年上半年，SHEIN 宣布将在接下来的 5 年内投入高达 5 亿元资金，以深化对供应商的赋能。这些资金将主要用于支持精益生产研究、技术与管理培训、设施改造扩建以及社区服务项目，旨在全面提升供应链效率与服务质量。

SHEIN 始终致力于构建产业柔性生产能力的基础框架，其进行品牌塑造以及推动国内外优质产品与品牌实现全球化发展的举措，彰显出其深远的战略愿景与宏大抱负。SHEIN 的国际化发展路径，不仅为我国跨境电商领域树立了标杆，还充分展示了其在创新引领与产业赋能方面的卓越能力与坚实力量。

8.3 线下渠道布局

面对海外复杂的商业环境，线下渠道布局不仅是出海品牌实现销售增长的关键路径，还是构建品牌影响力、深化消费者认知的有效手段。通过精心选择和运营线下渠道，企业能够直接触达目标受众，在海外市场成功落地并茁壮成长。

8.3.1 经销商/加盟商

无论销售的是高端新能源汽车，还是平价的潮流玩具，我国许多企业都倾向于借助海外经销商或加盟商的力量来开拓市场。例如，宇通客车、名创优品、杰克股份等品牌都是这一策略的成功践行者。

以名创优品为例，截至 2024 年 6 月 30 日，该品牌在海外市场拥有 343 家直营店、338 家合伙人门店和 2072 家代理门店。名创优品的市场策略是授权给当地的合作伙伴，让他们负责店铺选址、开业准备、人员招募及日常运营管理等工作。基于对本地市场的深入了解，合伙人和代理商能够精准地向总部反馈商品需求，而总部则专注于产品研发与供应。只要代理商遵循品牌授权规则，总部仅在关键决策上提供建议，充分给予代理商自主运营权。

对于希望成功打入海外市场的品牌来说，选择合适的经销商或加盟商至关重要。这不仅涉及资金方面的考量，更重要的是找到志同道合的伙伴。以名创优品法国代理团队为例，其成员都是当地商业精英，如在华深耕商业领域超过 15 年的 Jonathan Siboni，他创立的 Luxurysight 是全球领先的奢侈品、时尚、美容等零售行业数据和洞察平台。此外，还有法国资深媒体人 Ariel Wizman、资深金融咨询分析师 Nicolas Rey 等。

名创优品在挑选代理商时，除考量经济实力、零售经验、拥有的社会资源等硬指标外，还注重代理商的合作诚意以及双方目标的一致性。

一旦建立了合作关系，持续沟通和赋能不可或缺。例如，杰克股份每年都会专门召开海外经销商大会，分享最新的企业发展规划和技术成果，同时激励大家共同追求更高的目标。在 2023 年的会议上，来自世界各地的 300 多名经销商齐聚一堂。会上，企业向经销商宣讲新战略、新技术，明确从"中国第一迈向世界第一"的目标，极大地增强了合作伙伴的信心。

参加国际性或区域性的展销会是出海企业获取海外经销商与加盟商资源的一个有效途径。相关调查显示，2023年我国企业境外参展频次与规模呈现回升态势，尤其是第四季度，我国企业参与境外展会多达27202场，展会地点覆盖东南亚、北美、日本等全球多个地区和国家。不过，参展成本高昂，少则数十万元，多则上百万元。想要提高投入回报率，企业须全面做好展前宣传邀约、展中互动服务以及展后品牌推广与客户留存等一系列工作。

8.3.2　商超便利店

各个国家与地区都有综合类或垂直类的连锁商超及便利店，它们是当地零售市场不可或缺的一部分。在出海之前，企业应展开全面深入的市场调研，精准锁定与自身品牌定位相符且颇具影响力的当地商超和便利店，并细致了解入驻的相关条件和要求。

以美国为例，想要进入美国市场的企业，可以参考美国零售联合会权威发布的《2023年美国零售商百强榜》。这份榜单涵盖了沃尔玛、开市客等知名商超品牌，展示了美国零售业态的多元化，企业可以从中深入挖掘合作伙伴。

相较于美国，欧洲的渠道体系则呈现出分散的特点。在全欧洲范围内，家乐福等大型连锁商超享有较高的知名度。然而，各国也孕育了自己的本土品牌，例如，法国的 E.Leclerc 和 Express U，它们在法国零售市场中占据举足轻重的地位；德国的奥乐齐和麦德龙，以其在食品零售领域的专业与品质赢得了消费者的信赖；而瑞士的 COOP 和 MIGROS，则以独特的经营模式和优质的服务成为瑞士零售业的标志性品牌。

除了大型商超，企业也要重视便利店业态。除了 7-11、全家等常见品牌，亚非拉的发展中国家也有不少有实力的便利店，如印尼的 Alfamart、越南的 Vinmart、墨西哥的 OXXO 等。

进入线下商超、便利店的门槛高于电商平台。商超采购人员会从产品质量与包装、市场潜力、供货价格、生产与物流能力、供应链、其他渠道表现、资质和专利等多个维度进行综合考量，通常须进行多轮谈判。许多企业为了提高谈判成功率，会聘请当地人作为谈判代表。

想要成功进驻商超或便利店，企业也可以另辟蹊径。例如，追觅在北美先入驻沃尔玛线上平台，取得良好市场表现后，再与线下渠道商谈判，这样更具说服力；格力博通过收购欧洲本地百年品牌 Cramer 来拓展欧洲线下渠道。

8.3.3　自营品牌店或体验店

在海外开设自营品牌店或体验店能够使品牌直接接触和服务海外消费者，传递品牌文化和价值观。通过实体店铺，企业也可以更有效地展示其品牌形象，增强顾客的互动与信任，同时收集第一手市场反馈，以便快速调整产品和服务以适应当地市场需求。

以高端电动摩托车领域的后起之秀达芬骑为例，该品牌于 2022 年在北美市场精心规划并开设了多家体验店。这些店铺不仅具有展示与销售产品的基本功能，还巧妙地构建了机车爱好者交流与互动的专属空间，使得消费者在享受购物乐趣的同时，也能深刻感受到品牌所传递的独特魅力与价值观，从而进一步加深了消费者对品牌的认知与忠诚。

浙江有货网络科技有限公司（以下简称"有货"）在这方面同样走出了别具一格的路径。它打破传统中国品牌出海的营销模式，选择比较重投入的线下实体展示结合线上 Drop Shipping（直接代发货）的方式，在全美 30 多个城市选择布展供应商，在不同城市选择成本预算内的实体展厅，实体展示自有品牌 homysoul 和 homysure，消费者可以通过线上扫码下单完成交易。线下的展厅类似宜家，能够还原生活中的场景，小到家居产品，大到家具产品，一应俱全。

在强大供应链的支持下，有货整合了以江浙沪为主的中小型生产企业，将自己的产品通过 homysoul 和 homysure 品牌直接展示给海外的消费者。经核算，这种展厅及布展服务的成本相较线上广告，具有更高的 ROI。更关键的是，有货借此成功助力中小型制造企业的产品快速渗透至终端消费者，其可以从每一笔交易中获取收益回报，自身品牌也得以广泛推广。

8.3.4　案例研究：蜜雪冰城在海外也做"雪王"

在茶饮领域，蜜雪冰城堪称传奇般的存在。这个家喻户晓的品牌，不仅在国内市场"大杀四方"，还将它的甜蜜带到世界的各个角落。它由平民创业者张红超一手打造，自 1997 年创立以来，经历多次挑战与机遇，最终强势蜕变，一跃成为全球知名的连锁茶饮巨头。

蜜雪冰城的创始人张红超出身于河南省商丘市的一个普通农民家庭，父母都以务农为生。1997 年，怀揣创业梦的张红超，凭借 3000 元的启动资金在郑州开了一家名为"寒流刨冰"的冷饮店。1999 年，冷饮店改名为"蜜雪冰城"。2005 年，蜜雪冰城首次推出售价仅为 1 元的冰激凌，它宛如一颗甜蜜炸弹，瞬间引爆市场，赢得消费者的喜爱。2010 年，蜜雪冰城正式进入"直营＋加盟"的快速扩张模式，截至 2024 年底，其国内门店数量已超过 4万家（包含幸运咖），规模之大令人惊叹。

蜜雪冰城志在全球，并非仅局限于国内市场。2018 年，蜜雪冰城迈出了重要一步——在越南河内开设了第一家海外门店。这一历史性的举动正式拉开了蜜雪冰城国际化进程的大幕。为了顺利进入新市场，蜜雪冰城做了充分准备，包括深入了解当地消费者需求、调整产品线以迎合不同地区的口味偏好等。例如，在东南亚地区，蜜雪冰城特别推出了更甜的产品；而在日本，则更加注重产品的精致度和服务体验。

东南亚是蜜雪冰城最早布局也最成功的海外市场之一。这里人口密集且年轻化，对新鲜事物接受度高，消费潜力巨大。因此，蜜雪冰城选择以此地区作为突破口。截至 2024 年 9 月，蜜雪冰城已经在印度尼西亚开设超过 2600家门店，在越南开设了超过 1300 家门店。此外，在马来西亚、菲律宾等地，蜜雪冰城也进行了广泛布局。

除了东南亚，日韩也是蜜雪冰城重点攻坚的目标市场。2022 年底至 2023年初，蜜雪冰城先后在日本东京表参道和池袋地区开设了两家标志性门店。

这两个地点分别代表着高端商圈和平民生活区，显示出蜜雪冰城希望覆盖不同层次消费者的决心。而在韩国，蜜雪冰城同样取得了不俗的成绩，首家门店开业三天内的销售额就超过了 6 万元，其在当地市场的受欢迎程度可见一斑。

随着亚洲市场根基稳固，蜜雪冰城乘胜追击，进军澳大利亚，在悉尼市中心 CBD 开设首店。试营业当日，营业额便突破 2.4 万元，好评如潮。

蜜雪冰城从一家毫不起眼的小小刨冰店成长为拥有数万家分店的跨国企业，背后凝聚着无数心血与智慧。未来，随着全球化战略的深入推进，相信这位威风凛凛的"雪王"将继续书写更为波澜壮阔的辉煌篇章。

第9章

供应链体系：
打赢这场供应链之战

    品牌出海成功与否在一定程度上取决于是否拥有一个高效、灵活且具有弹性的供应链体系。本章将深度解析企业如何构建有效的供应链体系，从应对供应链考验（如茶百道韩国供应链重构），到掌握搭建供应链体系的五大关键点，再到供应链数字化转型（如 SHEIN 敏捷供应链、乐其 SmallRig 的快制造模式），通过真实案例揭示企业如何以供应链为核心，在全球市场中构建竞争壁垒，实现从"走出去"到"扎下根"的战略跨越。

9.1 绕不开的供应链考验

我国品牌想要在海外市场深度扎根，就绕不开供应链考验。很多出海品牌的原材料、配件、半成品等都需要从国内进口，运到海外当地后再加工或装配，然后才能面向市场销售产品。在出海之前，企业要了解供应链考验和风险，制定有效的应对措施。

9.1.1 出海时的供应链难题

在出海过程中，品牌面临诸多挑战，供应链方面的问题尤为突出，如图 9-1 所示。

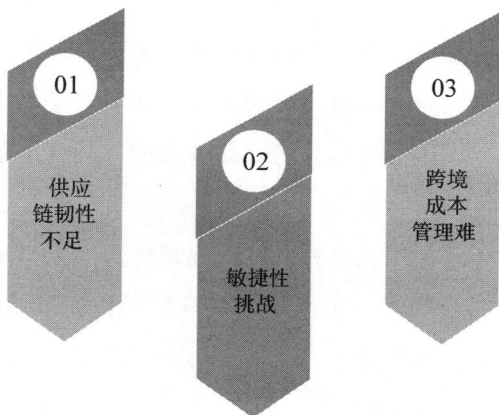

图9-1 品牌出海面临的供应链难题

1. 供应链韧性不足

近年来，国际形势复杂多变，企业出海面临诸多风险。除了文化冲突，出海企业还常遇到法律诉讼、贸易壁垒、自然灾害等不可预测事件。这些事件暴露了传统供应链的脆弱性，其无法有效应对突发事件。因此，品牌须加强供应链风险管理，构建韧性供应链。通过深入了解当地法律和可持续性政策，企业可以更有针对性地准备与规划，以应对不可预测事件，确保供应链的稳定运行。

2. 敏捷性挑战

在全球竞争加剧的背景下，产品更新迭代速度加快，消费者需求日益个性化。品牌很难仅凭自身力量迅速满足海外市场需求。这要求企业通过供应链管理，促进供应链上下游企业在产品全生命周期内进行协同创新和深度融合。同时，企业还需探索新的物流渠道，以缩短交付周期，提高供应链的敏捷性。面对不确定、持续变化的外界环境，品牌需重塑供应链和生态系统，以应对挑战，从而在客户响应、满足个性化需求和成本控制方面获得优势。

3. 跨境成本管理难

随着消费者对产品质量和服务的要求不断提升，以及出海产品销售渠道的多样化和供应链环节的增多，品牌面临降低成本和提升绩效水平的双重压力。此外，海外供应链人力资源管理中的薪资福利、人才培训等也是成本管理的重要组成部分。如何在不影响未来业务增长和不降低企业敏捷性的前提下持续降低供应链成本，成为品牌出海时必须解决的问题。

供应链问题是餐饮企业出海的最大阻碍，许多中餐企业就因无法攻克这一难题而折戟海外。以国内某知名烤鸭品牌为例，其在进军美国市场时，便深受供应链问题困扰。

正宗北京烤鸭要求使用北京鸭，然而北京鸭无法出口至美国，该品牌只能在美国本地寻找替代鸭种。但当地的枫叶鸭和长岛鸭鸭胸肉厚、鸭皮薄，不符合品牌对烤鸭品质的要求。于是，该品牌不得不在美国当地培育鸭种，但仅这一项就耗费了两年时间。

不仅如此，食材运输、清关以及保持品质新鲜度也困难重重，加上海外特色食材和调味品量少、质差、价贵，从国内采购又受政策限制，最终导致该品牌出海美国失败。

9.1.2　微利时代，供应链是增长之源

随着市场竞争进一步加剧，各行各业的利润空间被压缩，都进入微利时

代，因此急需寻找新的增长点。供应链作为连接企业内外资源的关键纽带，其优化和管理成为企业实现增长的重要驱动力。

供应链管理涵盖原材料采购、产品最终交付给消费者等环节，贯穿于品牌出海的整个过程。当下，AI 已经深刻融入其中，助力我国出海品牌实现更有效的供应链管理。

其一，供应商管理不可或缺，供应商在品牌出海过程中扮演着极为关键的角色。以联想集团为例，其自主研发的供应链控制塔（Supply Chain Intelligence，SCI）整合 800 多个数据源，打通供应商信息系统，确保数据实时且准确。目前，超 40% 的联想供应链员工日常工作依赖智能控制塔，75% 的主要供应商和 90% 的 ODM（原始设计制造商）合作伙伴通过联想的供应商协作门户与供应链智能控制塔建立业务联系。

其二，库存管理是关键环节。AI 能够助力品牌通过精准的市场需求预测，合理控制库存水平，避免库存积压占用资金或缺货导致客户流失。搭载 AI 的库存管理系统，能够实时监控库存动态，实现库存的精细化管理。

在库存管理方面，联想集团通过智能控制塔实现了智能排产，将排产时间从每天 6 小时缩短到 1.5/ 小时，极大地提高了交付速度和决策效率。此外，联想还通过优化库存管理和聚焦大规模订单交付，降低了供应商的摊销成本，进一步控制了成本。例如，联想在北美市场的工厂通过智能控制塔提供的实时数据分析，优化了库存水平，减少了不必要的库存积压，同时确保了产品及时交付，提升了客户满意度。

其三，信息管理也是供应链管理的重要组成部分。高效的信息共享平台能够让供应链各环节及时沟通，共享市场信息、生产进度、物流状态等，提高供应链的协同性和反应速度。

联想集团通过供应链智能控制塔，实现了供应链管理的全链路可视化和上下游的有序协同。该平台利用 AI 技术，实现了与供应商的高效互联，利用数据共享和协同平台提升供应链透明度和响应速度。例如，联想通过实时数据监控，确保供应商遵守严格的质量和采购标准，从而保障了产品质量的稳定性。此外，联想还通过智能控制塔连接供应商信息系统，帮助合作伙伴实现技术的快速商业化，提升了整体供应链的灵活性和敏捷性。

联想在全球范围内建立了广泛的供应链网络。目前，联想在全球有超过30个制造基地、2000多家供应商，覆盖180多个国家和地区。联想采用"全球本地化"与"本地全球化"的双向赋能模式，在海外设立本地化制造基地，结合全球资源与本地市场特点，灵活调整供应链布局。

2024年，联想集团与沙特埃耐特公司（Alat）合作，在沙特阿拉伯首都利雅得奠基了一座占地面积20万平方米的新工厂。该工厂预计于2026年投产，年产笔记本电脑、台式机及服务器数百万台。这不仅能帮助联想更好地贴近当地市场，满足区域需求，还为沙特的物流和贸易提供了支持，构建了面向亚、非、欧的关键物流枢纽。

在微利时代，联想借助AI技术，在供应商管理、库存管理和信息管理等供应链关键环节实现了优化升级，有效提升了供应链管理效率和企业竞争力，为在全球市场中持续增长奠定了坚实基础，也为其他企业提供了可借鉴的成功范例，推动我国企业在全球供应链竞争中不断迈向新高度。

9.1.3　案例研究：茶百道在韩国重构供应链

茶百道创立于2008年，创始人王霄锟和刘洧宏夫妇凭借对茶文化的热爱以及敏锐的商业洞察力，带领茶百道从一个街边小店发展成为拥有超过8000家门店的企业。在国内市场日趋饱和的背景下，茶百道将目光投向韩国，迈出国际化步伐。

韩国拥有体量庞大且消费力强劲的15～30岁年轻消费群体，他们价格敏感度低，却十分注重品牌定位、调性和品质。茶百道敏锐地捕捉到这一市场特性，首店选址在首尔富人区江南区，随后还进驻格洛丽亚百货等高端商圈，成功打造了高端品牌形象。

然而，仅靠选址显然无法支撑起高端品牌形象，关键在于产品体验。如何确保向用户提供始终如一的口感和体验？鲜奶、鲜果等核心物料以及吸管、纸杯等包材如何保证跨国供应？国内的原材料能否符合韩国市场质量标准和法规要求？这些问题都表明，茶百道出海韩国，重建供应链是必要举措。幸运的是，在国内 10 余年发展历程中，茶百道练就了强大的供应能力，建立了 22 个仓配中心，覆盖多个主要出海港口。

为适应当地市场，茶百道研发团队用 10 天时间在韩国开展市场调研，根据当地原材料调整产品配方与操作程序。针对韩国消费者偏好冰饮的习惯，调整冰饮冰块量，并结合当地特色开发汉拿峰水果茶等新品。

不过，在原材料供应方面茶百道也遇到了一些挑战。例如，杨枝甘露的核心原料台农芒果难以实现稳定供应，于是找到南美苹果芒果替代；豆乳米麻薯所用黑糯米因韩国高关税政策，进口成本过高，只能调整产品。

在供应链策略上，茶百道采用"跨境 + 本地"的模式。除鲜果、鲜奶等短保品因进口政策和保质期短须就地采购外，其他核心原物料均由国内最近的仓配中心跨国配送。门店的吸管、纸杯等包材，来自茶百道在成都投资建设的环保可降解包材工厂。该厂 2023 年产能达 13952 吨，生产的双层中空纸杯在隔热性与环保性上超越韩国本地品牌，且凭借产业规模优势，即便加上跨国运输费用，成本仍低于韩国产纸杯。

尽管出海韩国困难重重，但茶百道凭借灵活调整产品与供应链，最终还是在韩国市场站稳了脚跟。其招股书显示，计划将 5% 的 IPO 募集资金用于海外市场供应链建设，以持续拓展海外版图。

9.2　搭建供应链体系的5个重点

在搭建高效的供应链体系时，出海企业须聚焦五大重点：优化产品流，平衡供需关系，精选仓储模式，有效管理库存以及确保物流运输的时效与安全。这五点相辅相成，共同构成供应链稳健运行的基石，助力企业实现高效运营与可持续发展。

9.2.1　产品流：精品与铺货

在竞争激烈的海外市场，出海品牌要想打造高效的产品流，实现市场突围，精品与铺货是两种重要的策略。这两种策略各有千秋，品牌需根据自身定位与市场情况合理选择。

精品策略聚焦于打造高品质、独具特色的产品。这种策略注重产品的研发与设计，投入大量资源进行市场调研，精准把握目标市场消费者的需求与偏好。例如，在海外市场，大疆凭借其领先的技术、卓越的性能和高品质的产品，针对专业摄影师、影视制作团队、测绘机构等用户群体，提供功能强大、精度高、可靠性强的无人机解决方案，在全球高端无人机市场占据了较大份额。

通过打造精品，品牌能够树立良好的形象，提升美誉度和忠诚度。而且，精品往往能获得较高的利润空间，增强品牌的盈利能力。然而，精品策略的研发周期长、成本高，一旦产品不符合市场预期，则损失较大。

铺货策略则侧重于产品的广泛覆盖。品牌通过大量推出不同类型、款式的产品，快速占领市场份额。例如，传音在非洲等海外市场采用铺货策略，取得了显著成效。传音深入了解当地消费者的需求和市场特点，推出了功能丰富、价格亲民、适合非洲当地环境的手机产品。通过广泛的渠道铺货，将产品覆盖到非洲各个角落，包括一些偏远地区，以满足当地消费者对通信设备的需求，从而在非洲市场占据了较大的市场份额，成为非洲手机市场的领先品牌之一。

铺货策略能帮助品牌快速提升知名度，提高产品的市场渗透率。同时，由于产品种类丰富，总有部分产品能契合市场需求，降低了单品失败的风险。但铺货策略也面临库存管理压力大、产品同质化竞争严重等问题。

出海品牌在打造产品流时，须综合考虑多种因素。如果品牌拥有雄厚的研发实力和资金实力，且目标市场对品质和产品独特性有较高要求，那么精品策略更合适。如果品牌想要快速进入市场，获得规模效益，满足大众市场的多样化需求，则铺货策略更合适。

事实上，很多品牌会将两者结合运用。前期通过铺货策略快速打开市场，了解消费者需求；后期再针对核心目标客户群体推出精品，提升品牌形象与附加值。

9.2.2　供需平衡：需求预测+供应商对接

为了确保产品的顺利生产和交付，出海企业要精心规划和优化其供应链体系，通过精准的需求预测以及高效的供应商对接来实现供需平衡。

需求预测是供应链管理中的重要环节，传统依赖人工经验的预测模式，已难以应对全球市场的动态变化。借助 AI 技术，企业可整合多维度数据资源，构建智能化预测模型，显著提升预测精度。

以亚马逊供应链智能托管服务为例，其通过机器学习算法分析历史销售数据、社交媒体趋势及宏观经济指标，为企业提供全链路库存优化方案。深圳某消费电子企业借助该服务，将库存周转率提升 30%、滞销库存成本降低 18%。AI 系统不仅能预测爆款产品需求，还能根据区域消费特性动态调整生产计划，例如，在东南亚雨季来临前，预判户外电子产品需求激增，指导企业合理备货。

除了做好需求预测，高效的供应商网络是供需平衡的重要保障。AI 技术通过多维度评估与动态匹配，帮助企业筛选优质合作伙伴，同时优化协作流程，形成共赢生态。

在供应商筛选环节，AI 系统可整合供应商的历史履约数据、质量认证、研发能力等信息，构建智能评估模型。例如，某家居用品企业通过 AI 分析全球供应商的 ESG 表现与技术创新能力，成功引入具备环保材料研发能力的东南亚供应商，在降低采购成本的同时，提升了产品的可持续性竞争力。此外，AI 还能预测供应商的产能波动，提前预警潜在风险，如某汽车零部件企业通过 AI 监测到关键供应商的设备故障风险，及时启动备用方案，避免了生产线中断。

在 AI 技术的赋能下，我国出海企业能够实现需求预测的智能化和供应商对接的精准化，从而构建具备韧性和敏捷性的全球供应链网络，为品牌全球化注入持续动能。

9.2.3　仓储：选对仓储模式很重要

作为供应链中的重要一环，仓储对于出海企业在海外的运营有着重要的影响。合适的仓储模式不仅能够帮助企业优化供应链、降低成本，还能提升用户体验和市场响应速度。

1．双边入仓模式

在双边入仓模式下，电商企业将商品同时入仓至两个或多个国家 / 地区的运营中心，以实现更广泛的销售覆盖和更高效的物流配送。双边入仓模式的优势在于能够快速将商品销往多个地区，覆盖范围广。

以亚马逊为例，卖家通过双边入仓模式把商品同时存入英国以及欧盟的任意一个国家（如德国），随后在这两个地区同步推出 ASIN（Amazon Standard Identification Number，亚马逊标准识别号）。

这一策略让卖家能够在英国与欧盟的双边市场上，充分利用当地 FBA（Fulfillment by Amazon，亚马逊物流）的优势，进行无缝的仓储与配送服务，从而实现对整个欧洲市场的覆盖。

2．海外仓模式

海外仓作为一种创新的物流解决方案，旨在通过在海外设立专门的仓储中心，来有效处理订单履约及物流配送事宜。海外仓主要分为以下几种类型，如图 9-2 所示。

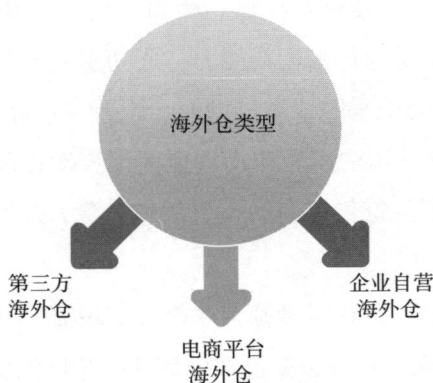

图9-2　海外仓类型

（1）第三方海外仓。这类海外仓能够为企业提供定制化的仓储和物流服务，适合中小企业，它们可以利用第三方的专业服务和规模效应，降低运营成本和风险。

（2）电商平台海外仓。阿里巴巴、京东等电商平台都建设了海外仓。对于商家来说，电商平台的海外仓在物流配送、系统对接等方面具有一定的便利性。

（3）企业自营海外仓。大型企业通常会自建海外仓，以便完全控制库存管理和物流流程，能够根据市场需求快速调整库存和发货策略。

出海企业在选择仓储模式时，要综合考虑自身的业务规模、市场需求、资金状况、运营能力等因素。同时，企业也要关注不同模式下的风险和挑战，如库存管理风险、资金占用压力、本地化服务能力等，并采取相应的措施加以应对。

9.2.4　库存管理：拒绝库存压力

库存积压不仅会增加企业的运营成本，还会影响市场响应速度和整体竞争力。因此，出海企业必须采取一系列措施，拒绝库存压力，确保海外库存管理的高效运作。

首先，出海企业应利用智能仓库管理系统（WMS）优化库存管理。WMS系统依托于 AI 技术，具备实时监控和自动化更新库存数据的功能，能够显著减少人为错误，提高整体运营效率。借助 WMS，企业可以高效地追踪库存流动情况，确保库存信息的准确性。例如，当商品入库或出库时，系统会自动调整库存数量，减少人工操作，提高工作效率。

其次，出海企业需要实施精准的库存预测。通过分析季节性变化、销售记录和市场趋势，企业可以预测未来需求，从而更准确地安排库存。这不仅可以避免库存积压，还能确保在市场需求旺盛时有足够的库存供应。为了提升预测精度，企业可以借助 AI 工具，如 Demand Forecasting AI，并整合多个渠道的销售数据，全面掌握市场动态，进而优化库存管理策略，提高库存周转率。

再次，出海企业还应优化仓储布局与流程。企业应借助 AI，依据商品类型以及需求频率，对仓储区域进行合理规划，以缩短商品的存取时间，提高仓储效率。同时，对入库与出库流程进行优化，确保商品能够快速、准确地完成出入库操作。

此外，应用现代化仓储设备，如自动化立体仓库、智能搬运机器人等，以及 AI 系统，能够显著提高仓储操作的自动化程度与效率。例如，深圳海柔创新研发的 HAIPICK 箱式仓储机器人系统，为库存管理带来颠覆性变革。该系统通过动态调宽货叉技术，可自动识别不同尺寸的货箱，配合 AI 算法实现储位智能分配。

最后，定期进行库存盘点与审计必不可少。通过定期盘点库存情况，企业不仅可以验证现有库存的数量是否正确，还能够及时识别并修正差异。同时，对库存管理过程进行全面审查，可以发现并改进存在的问题，不断优化管理措施，提升管理水平。应用诸如条码扫描仪、RFID 标签等高科技工具，可以使库存盘点工作变得更加高效和精确。

9.2.5　物流运输：保证时效与安全

要想成功出海，企业必须有效解决物流运输问题，确保货物能够按时、安全地送达目的地。

为了提升物流时效，出海企业首先要优化物流渠道选择。不同的运输方式各有优劣，海运成本较低但速度较慢，空运速度快却成本高昂，陆运则在区域运输中有独特优势。企业应根据货物特性、紧急程度以及预算，综合考量选择合适的运输方式或联运模式。例如，对于高价值且急需的电子产品，优先选择空运；而对于大批量、非紧急的日用品，海运更为合适。

同时，与可靠的物流供应商建立长期稳定的合作关系也至关重要。优质的供应商拥有更高效的物流网络和成熟的运营体系，能够减少运输中的延误情况。我国有不少物流企业在跨境物流运输方面表现出色，例如，厦门中远海运物流有限公司（以下简称中远海运）凭借丰富的海外项目经验，成功完成了 620 余台储能柜箱体从我国出口到韩国的运输任务，助力我国新能源企业进军国际市场。

这些储能柜被送往韩国工厂安装电芯，由于数量庞大且价值高昂，运输中的任何损坏都可能导致生产线停滞，因此对运输质量要求极高。为此，中远海运组建了专门的项目团队，针对储能柜非标准尺寸、体积大等特性，制订了定制化的门到门物流方案。中远海运还充分利用资源优势，协调使用散货船和集装箱船运输，以应对运输过程中的突发情况，确保货物安全准时送达。

在保障运输安全方面，企业须加强货物包装防护。针对不同货物的特点，采用合适的包装材料和技术，确保货物在装卸和运输过程中不受损坏。例如，易碎品要使用泡沫、气泡膜等缓冲材料进行多层包装。

另外，为货物购买足额的运输保险也必不可少。保险能够在货物遭受损失时给予经济补偿，降低企业的风险。

面对复杂多变的国际物流环境，数字化管理是解决物流运输问题的有力手段。利用物流管理系统，企业可以实时跟踪货物的运输轨迹，掌握货物的位置和状态，及时发现潜在问题并作出调整。比如，通过系统预警，提前了解到某条航线可能因恶劣天气导致延误，企业便能提前规划，调整运输计划。

9.3 实现供应链数字化转型

出海企业想要在复杂的国际市场中立于不败之地，供应链数字化转型是必然选择。通过引入云计算、大数据分析等先进技术，企业不仅能够实时监控全球业务动态，优化资源配置，还能大幅提升运营效率，增强应对不确定性的能力。

9.3.1 敏捷供应链是大势所趋

在全球商业竞争日益激烈的今天，出海企业正面临前所未有的挑战与机遇。为了在海外市场中稳扎稳打，打造敏捷供应链已是大势所趋。以 SHEIN 为例，这家服装时尚自主品牌通过技术驱动的数字化供应链变革，成功颠覆了传统服装行业的供应链模式。

传统服装零售商往往采用以产定销的模式，提前 2～3 个季度进行预测与规划。然而，时尚潮流与消费者需求快速变化，使得这种模式逐渐暴露出弊端。高企的未销售服装库存不仅占用了大量现金流，还导致大量服装企业因高库存而破产。据估算，传统服装商的库存水平高达 40% ～ 50%。

相比之下，SHEIN 凭借敏捷供应链，实现了从源头上的根本性变革。通过按需生产的小单快反解决方案，SHEIN 能够基于市场实际需求进行产品定位和设计，所有订单先生产 100 件测试市场反应，根据市场销售反馈决定是否追加订单。这种模式使得 SHEIN 能够根据最新的流行趋势及时调整商品结构，从而使未销售库存降低至个位数。

波士顿咨询（BCG）在报告中指出，"敏捷供应链已成为时尚行业竞争优势的新源泉"。SHEIN 的数字化 DTC(直达消费者)模式，正是通过小单快反解决方案，实现了供需平衡、成本降低和资金效率提升。

SHEIN 通过收集供应商在生产中的痛点和需求，开发了超过 100 种缝纫与制衣工具，并成立了服装制造创新研究中心，致力于打造精益生产解决方案。通过采用"数字化＋工具"的模式，SHEIN 不仅提供了智能化的辅助决策以指导行动方向，还通过智慧仓储、技术软件及智能制造工具等支持具体实施，帮助传统企业实现数智化转型，使小单快反模式得以有效运行。此举促进了产业链上下游的高效协同，减少了冗余，确保每个环节都能紧密贴合市场需求，增强了整个产业生态的韧性和竞争力。

9.3.2　技术带来数字协同能力

在全球化浪潮中，出海企业面临着诸多挑战，而技术的发展为其带来供应链数字协同能力，帮助企业在国际市场中乘风破浪。

首先，数字化技术打破了"信息孤岛"，实现了供应链各环节的数据共享与实时传递。出海企业通过应用先进的供应链管理系统，如 WMS 仓储管理系统、TMS 运输管理系统等，将供应商、生产商、分销商、零售商以及物流服务商等各个节点紧密连接在一起。

例如，普洛斯供应链开发跨境数字供应链和多式联运平台系统，打通供应链的各个节点，实现服务流程线上化和全链路可视化(如图 9-3 所示)，有效降低了沟通成本，还使出海企业能够实时掌握各个节点的状态，从而根据实际需求灵活调配资源，显著提升各节点之间的协同效率。

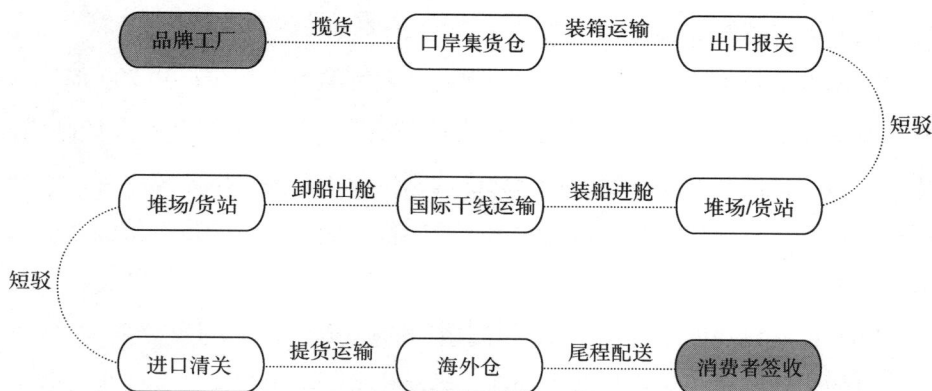

图9-3　普洛斯供应链全链路可视化

其次，AI 和大数据技术为出海企业提供了强大的预测和决策支持。通过对海量历史数据的分析和挖掘，企业可以准确预测市场需求、优化库存管理、规划物流路线等。例如，某电子制造企业利用大数据分析全球不同地区的消费趋势和季节性需求变化，提前调整生产计划和原材料采购，将库存周转率提高了 30%，同时降低了运输成本和库存成本。

再次，区块链技术的应用增强了供应链的透明度和可追溯性。在跨境贸易中，产品的来源、生产过程、运输路径等信息的真实性和完整性至关重要。分布式账本和加密技术确保了供应链数据不可篡改和可追溯，让消费者和合作伙伴能够清楚地了解产品的整个生命周期。这不仅有助于提升企业的品牌形象和信誉，还能满足不同国家和地区对于产品质量和安全的监管要求。

最后，物联网技术实现了对货物的实时跟踪和监控。在运输过程中，通过在货物上安装传感器和定位设备，企业可以实时获取货物的位置、状态、温度、湿度等信息。一旦出现异常情况，如货物被盗、损坏或延误等，系统会立即发出预警，使企业能够及时采取措施进行处理，保障货物的安全和准时交付。

9.3.3　案例研究：SmallRig实现快制造与柔性供应链

在全球化浪潮中，我国品牌正以前所未有的速度崛起。作为全球影像场景创新产品生态制造商，SmallRig（斯莫格）以独特的"快制造"模式脱颖而出，成为该领域的佼佼者。

SmallRig 是乐其创新旗下核心品牌，其拥有丰富产品线，共 700 多款单品，涵盖相机支撑与稳定、智能手机支撑与稳定、影像电源等四大产品线，还有一站式直播间解决方案。其产品已远销全球 160 多个国家和地区，广泛应用于直播、短视频、好莱坞院线大片等影像领域，销量和市场份额在全球遥遥领先。

SmallRig 成功的关键在于其"快制造"供应链模式。通过整合采购、生产等环节的优质资源，从货品需求管理、柔性化生产能力建设、物流报关合规化三方面发力，实现了供应链的快速响应和优化。这种模式构建起小批量、多品类、高频次和半定制的"快制造"能力，使得 SmallRig 能够为有个性化需求的客户提供一站式影视拍摄解决方案。

在"快制造"模式的驱动下，SmallRig 展现出惊人的创新速度：每天推出 1.6 个新品，每年迭代 300～400 款产品，新品开发到上市最快仅需 45 天。基于"快制造"优势，SmallRig 具备敏捷供应能力，其供应链具备全场景、全生态、全兼容的特点。

SmallRig 的"快制造"模式，不仅体现在产品快速迭代上，还体现在供应链的柔性化上。通过对供应链的深度整合和优化，SmallRig 实现了从原材料采购到成品生产的无缝衔接。同时，SmallRig 还通过用户共创的模式，精准捕捉用户需求，不断推出引领行业潮流的创新产品。这种以用户为中心的设计理念，使得 SmallRig 的产品更加贴近市场需求，更具竞争力。

在全球市场中，SmallRig 凭借全球用户中心、深度全球化战略和全球共创理念，构建起强大的全场景生态能力，实现品牌扩张与持续创新。入选"全球领航者—2024 年度领航之星优质企业"榜单以及《世界互联网大会跨境电商实践案例集（2024 年）》，是对其全球领航地位的有力认可。SmallRig 以创新实践和卓越成就，为我国出海企业在全球市场的发展树立了典范。

第 10 章

营销与推广：
掀起海外宣传热潮

在全球市场，我国出海品牌以敏锐的市场洞察力，借助海外媒体平台，开启了别开生面的营销与推广之旅。在打造媒体矩阵方面，Jeulia 在 Facebook、Instagram 等多平台上布局，PatPat 打造"一主多辅"的账号体系。在多维度内容输出方面，花西子以《洛神赋》动画演绎东方美学，vivo 借印度排灯节亲情短片斩获 80 万播放量。在跨境直播方面，白沟箱包企业借 AI 数字人实现 24 小时直播，FOCALLURE 在 TikTok 印尼站创下 7 天销售 1 万件商品的纪录。这些精彩案例，为读者呈现出海品牌营销推广的实战策略与成功路径。

10.1 媒体矩阵：多点式覆盖

在海外市场中，我国品牌在社交媒体平台上进行广泛布局，打造媒体营销矩阵，在不同平台上形成协同效应，确保营销推广信息全方位触达目标受众，形成强大的品牌影响力。

10.1.1 入驻YouTube、X等媒体平台

为了在国际市场中脱颖而出，企业不仅要拥有高质量的产品和服务，还要借助有效的营销推广策略，扩大品牌知名度和市场份额。其中，入驻YouTube、X等海外社交媒体平台，已成为众多出海品牌拓展海外市场的关键方式。

YouTube拥有庞大的用户群体和高度活跃的社区氛围。对于出海品牌而言，这是一个展示品牌形象、产品功能和用户体验的绝佳舞台。一些品牌发布产品开箱视频、使用教程、产品评测等内容，不仅能够帮助消费者了解产品，还能够提升品牌的信任度和互动性。

X则以即时性和互动性强的特点，成为出海品牌与海外消费者实时沟通的重要平台。企业可以在X上发布新的产品信息、行业动态、品牌故事等内容，与消费者进行即时互动，解答他们的疑问，收集他们的反馈。

除了YouTube和X，Instagram也是出海品牌不可或缺的社交媒体平台之一。这个平台以图片和视频内容为主，非常适合展示产品的外观和体验，以此吸引更多潜在客户的关注，提升品牌知名度和美誉度。

以来自西安的珠宝品牌Jeulia（杰莉亚）为例，其在海外市场布局多个渠道，实现了品牌影响力和销售额的双重增长。Jeulia在Facebook上重点布局，官方账号点赞量破百万。它巧妙地利用Facebook分享新品资讯和品牌故事，帖子中融入产品相关标签、购物链接以及"去逛一下商店"的便捷按钮，简

化了用户的购买路径。

在 Instagram 上，Jeulia 拥有超过 46 万粉丝。其通过快拍精选集快速传达品牌形象，还打造品牌专属话题 #jeuliajewelry，用户使用此话题标签上传照片有机会赢取礼品卡，提升了用户的互动性。

如今，AI 已融入各个媒体平台。借助 AI，企业能够洞察用户的行为习惯和偏好，从而确定最佳营销时机和策略，实现智能精准营销。例如，新锐宠物生活品牌 FUNNY FUZZY 在出海起步阶段借助 Meta 的 AI 广告创意工具，低成本地制作大量营销素材，高效地找到目标受众。在成长期，FUNNY FUZZY 借助 Meta 的 A+SC（进阶赋能型智能购物广告）等 AI 广告节约人力成本、提高广告效果。

雨果跨境的数据显示，截至 2023 年 12 月，有 72% 卖家借助 AI 工具进行营销。对于出海的卖家来说，AI 能够帮助他们更快、更准确地分析国际市场特点和趋势，了解消费者兴趣和偏好，从而实现精准选品、定价和广告投放，提升整体运营效能。

10.1.2　打造官方账号矩阵

不同社交媒体的定位不同，吸引的用户群体也不同。例如，追求时尚潮流的年轻人更喜欢 Instagram、YouTube 等，而商务人士更喜欢 LinkedIn（领英）。通过在多个海外社交媒体平台上设立官方账号，打造官方账号矩阵，出海企业不仅能够实现内容的多渠道传播，还可以精准触达不同类型的受众群体，进而扩大品牌的国际影响力。此外，不同平台的账号相互配合、协同发力，形成强大的品牌传播合力，能够显著推动产品销售。

作为全球增速最快的跨境童装 DTC 品牌之一，PatPat 不仅在美国市场占据重要地位，还成功进入欧洲、东南亚等多个地区。PatPat 之所以能够在激烈的市场竞争中脱颖而出，很大程度上得益于其精心策划的海外社交媒体营销策略。

面对多样化的海外社交媒体平台，PatPat 并没有盲目追求覆盖面的广度，而是根据目标市场的特点选择最合适的品牌推广渠道。为了更好地触达目标用户群体，PatPat 采取"一主多辅"的账号结构模式，即除了设立一个统一管理的品牌主账号，还会根据不同国家或地区的特性开设相应的本地化分账号。

例如，在 Facebook 上，PatPat 建立了包括 @PatPat、@PatPat UK、@PatPat France、@PatPat Australia 等在内的账号矩阵体系。每个分账号都会结合当地文化习俗及消费习惯发布定制化的内容，确保信息传递的有效性。

此外，PatPat 还在 TikTok 上创建了主账号及针对特定市场的国家号和主题号，如印尼官方账号 patpat.id 由红毛猩猩 PONGO 运营，旨在提升品牌在当地市场的存在感。

PatPat 的各个社交媒体账号并非孤立存在，而是相互配合、协同互动。例如，在 Facebook 上发布的新品预告，会在 Instagram 和 TikTok 上以不同形式呈现，以吸引不同平台用户的关注。同时，对各平台的用户评论和反馈也会进行整合分析，以便及时调整内容策略和产品改进方向。这种跨平台的协同互动，形成了强大的品牌传播合力，让 PatPat 的品牌信息在海外社交媒体上迅速扩散。

10.1.3 与网红、大V等合作推广

在全球化进程加速的当下，出海品牌面临着激烈的国际市场竞争。与网红、大 V 等 KOL 合作推广，成为众多品牌突出重围、拓展海外市场的有力武器。

与网红、大 V 合作，能为出海品牌带来多方面显著优势。

首先，大幅提升品牌知名度。网红、大 V 凭借自身独特魅力与持续输出的优质内容，积累了大量忠实粉丝，通过在社交媒体平台展示产品和品牌，可以迅速提升品牌在目标市场的知名度。

其次，助力精准营销。不同领域的网红、大 V 吸引着不同类型的粉丝群体。出海品牌可依据自身产品特性与目标受众，挑选匹配的 KOL 合作，实现精准触达消费者。

最后，赋予品牌可信度与亲和力。消费者在决策时，往往更信赖身边

"懂行"人的推荐。网红、大 V 长期与粉丝互动交流，建立起深厚信任关系。他们对产品的真实体验分享，能有效消除消费者的顾虑，增强品牌可信度。

作为我国新锐彩妆品牌，花知晓在拓展海外市场时，通过与不同领域网红合作，成功扩大了受众范围。

在开拓欧美市场过程中，花知晓与美国知名女歌手 Lana Del Rey 合作。Lana Del Rey 在 Instagram 平台上拥有 1550 万粉丝，影响力不容小觑。合作期间，她使用花知晓的产品，并在 Instagram 上发布使用体验，其中一条帖子的点赞量超过 334 万，粉丝评论多达 1.7 万条。这次合作效果显著，花知晓的品牌知名度和品牌形象大幅提升，成功吸引了众多欧美消费者的目光，为品牌在欧美市场站稳脚跟打下了坚实基础。

在日本市场，花知晓邀请日本知名女歌手宫脇咲良担任亚洲品牌大使，借助其在日本本土的高人气和影响力，吸引日本消费者的关注。这一举措使得花知晓在日本市场的品牌知名度迅速攀升，产品销量也随之增长，在日本美妆市场占据了一席之地。

那么，如何选择合适的 KOL 呢？品牌需考量 KOL 的粉丝画像是否与自身目标受众相符，分析其过往内容风格是否契合品牌形象，还要关注其在行业内的口碑与影响力。在这方面，品牌可以借助 AI 工具。

例如，科大讯飞 AI 营销云通过分析网红的粉丝画像、内容调性与历史转化数据，为品牌自动匹配最优合作对象。雪佛兰在世界杯期间采用该系统，精准筛选出擅长方言互动的东南亚网红，结合智能语音技术实现品牌曝光量提升。

10.1.4　人才在媒体矩阵搭建中的关键作用

在当下全球化的商业浪潮中，出海信息流越来越通畅，具备跨境营销运营能力的人才也是驱动出海的一个重要因素。以海外广告投放为例，海外社交媒体的 CPC（Cost Per Click，单次点击成本）越来越贵，很多流量平台也越来越注重商业变现，使得广告投放的成本大幅增加。在这样的背景下，能够做好海外推广的优秀人才就成为出海企业的宝贵资产。

以机械键盘广告投放为例，海外广告投手 A 在执行投放任务时，简单地采用"机械键盘"这一宽泛的关键词。由于该关键词热度很高、竞争激烈，其单次点击成本高达 3 美元。这意味着，无论最终能否实现销售转化，只要消费者看到广告词并点击进入品牌落地页，卖家就要为此支付费用。如此高昂的投放成本，对于资金实力相对薄弱的中小型出海企业而言，无疑是沉重的负担，无法实现大规模的广告投放，品牌推广效果自然大打折扣。

与之形成鲜明对比的是，投手 B 深入洞察机械键盘市场，对目标受众进行精准剖析，发现该产品的买家多为游戏玩家。基于这一精准洞察，投手 B 巧妙结合当时最热门的游戏《和平精英》，精心选取"适合玩和平精英的键盘"作为主要的长尾关键词进行投放。

这一策略成效显著，该长尾关键词的 CPC 仅需 0.2 美元，同时精准词的转化率超过 30%。经过一个月的精心运营，总体广告投入仅为 500 美元，却成功推动 GMV 达到 19000 美元（总成本 7600 美元）=100 美元 / 台（成本 40 美元 / 台）× 190 台 ，广告投放 ROI（Return on Investment，投资回报率）高达 22.8=（19000-7600）÷ 500 × 100%，实现了超高的投入产出比。

在构建媒体矩阵的过程中，类似投手 B 这样的人才发挥着关键作用。他们不仅熟悉各类海外社交媒体平台的算法规则与广告投放机制，能够精准把握平台流量趋势，还具备敏锐的市场洞察力，能够深入挖掘目标受众的潜在需求与消费偏好。

凭借这些专业能力，他们能够为品牌量身定制个性化的媒体矩阵搭建与运营策略，如选择合适的推广平台、制订精准的关键词投放方案、策划富有创意的营销活动，确保品牌在有限的预算下，实现最大程度的曝光与精准引流，助力品牌在竞争激烈的海外市场中脱颖而出。

10.1.5 案例研究：Colorkey通过TikTok进军东南亚市场

我国美妆品牌 Colorkey（珂拉琪）以独特的市场策略，在短短几年内迅速崛起，并成功打入东南亚市场。Colorkey 之所以能够在竞争激烈的东南亚市场上脱颖而出，很大程度上得益于其借助社交媒体平台 TikTok 进行广泛的营销推广。

2020年之后，随着抖音在国内市场成功经验的积累，Colorkey将目光转向同样拥有庞大用户基础且增长迅速的TikTok。相比于其他传统电商平台，TikTok不仅具备强大的内容创作和传播能力，还能更精准地触达年轻一代消费者群体。对于像Colorkey这样专注于Z世代的品牌来说，这无疑是一个理想的营销阵地。因此，当TikTok Shop宣布开启东南亚跨境市场时，Colorkey立即抓住这一契机，快速入驻并开通了越南小店。

在进入东南亚市场初期，Colorkey延续了其在国内市场采用的极致单品策略，集中资源打造爆款产品——唇釉。唇釉产品不仅帮助Colorkey迅速占领了品类心智，还为品牌树立了一个鲜明的形象标签。

为了更好地适应当地市场需求，Colorkey团队深入研究了东南亚消费者的肤色特点及使用习惯，调整配方以确保产品能够满足不同肤质的需求。例如，小彩蛋唇泥系列因其出色的显色度和持久性受到了广泛好评。

借助TikTok Shop的内容电商模式，Colorkey发起了一系列互动性强的话题挑战赛，如"不沾杯"短视频挑战。这些活动不仅展示了产品的核心卖点，还极大地提高了品牌的曝光度和用户的参与热情。

除了保证产品质量，Colorkey深知要想真正赢得消费者的青睐，就必须深入了解并融入当地文化。在越南市场，Colorkey巧妙运用了当地语言标签（如#xuhuong、#sonxinh等），以便营销内容可以精准触达目标受众群体。

Colorkey还积极与东南亚本地的KOL合作，邀请他们试用并推荐Colorkey的产品。据统计，仅一条由越南美妆达人yeahhimilio发布的短视频就带来了超过2300万次的观看量以及近9000单的销售业绩。

面向不同细分市场，Colorkey在TikTok平台上创建了多个官方账号，打造官方账号矩阵，并创造独特的话题标签。在TikTok上，带有#Colorkey标签的视频超过7500个，总播放量高达10亿。由此可见，Colorkey在品牌打造上取得了巨大的成功，获得了很大的流量和关注度。

综上所述，Colorkey通过精心策划的内容营销策略，在短短5个月内便实现了越南全品类销量第一的成就。未来，相信Colorkey将继续保持其在全球美妆领域的领先地位，为广大消费者带来更多惊喜。

10.2　内容输出：多维度造势

内容是出海品牌在社交媒体平台上进行营销推广的重要载体。出海品牌可以采取多元化策略，如在内容中融入中国元素、利用海外当地特色节假日活动和热点话题等，从多个维度来提升营销内容质量、吸引力以及与当地市场的契合性，从而精准触达目标受众，实现更深层次的品牌认同。

10.2.1　在内容中合理用中国身份和元素

在全球化的浪潮中，我国出海品牌在海外社交媒体上的内容输出策略至关重要。巧妙融入中国身份和元素，不仅能使品牌脱颖而出，还能传播中华文化，提升品牌的文化底蕴与国际影响力。

以国产东方彩妆品牌花西子为例，其海外品牌名 Florasis 由 Flora 和 Sister 结合而来，蕴含美人如花之意，与花西子的品牌形象和文化内涵完美契合。Logo 外形集江南园林轩窗与太极双鱼图于一体，色彩上"略施粉黛"与"粉墙黛瓦"结合，既有东方特色，又具现代感。

在出海过程中，花西子精准锚定 Z 世代群体，着力打造国潮、国风审美以及天然健康等极具吸引力的品牌标签。在产品设计上，花西子深入研究不同民族、国家和人群的文化习俗与审美偏好。例如，其曾巧妙融合日本元素，推出樱花季、枫叶季等应季限定产品。

在 Instagram、X、Facebook、YouTube 等社交媒体平台上，花西子都开设了官方账号，并通过发布妆容展示、产品介绍、抽奖活动、KOL 美妆教程等内容来开展营销活动。

在 Instagram 平台上，花西子积极策划并推出与春节、中秋等我国传统节日相关的营销活动。例如，在展示印有鹊桥相会精美雕花的口红图样时，花西子会向粉丝们讲述牛郎织女那浪漫动人的爱情传说；在介绍并蒂同心妆匣产品时，则用富有诗意的文字描绘出陌上花开的美好意境。

此外，花西子还利用 YouTube 等社交媒体平台，向海外用户传递产品背后深厚的文化内涵。在一条介绍眉笔产品的视频中，花西子以精美的中国风动画生动演绎了举案齐眉的经典古代故事；将千古名篇《洛神赋》的美妙意境融入眼影盘的设计中，结合绚丽多彩的神话呈现在海外用户眼前，让他们领略中华文化的独特魅力。

花西子之所以能够在激烈的国际竞争环境中脱颖而出，很大程度上得益于其对本土文化的深刻理解和灵活运用。无论是产品设计理念，还是借助社交媒体的力量讲好品牌故事，花西子始终坚持以开放包容的态度迎接挑战，致力于成为东西方文化交流的重要纽带。

10.2.2　通过当地特色节假日活动做宣传

在全球化商业竞争日益激烈的当下，我国出海品牌不断探索创新的营销策略。而借助当地特色节假日活动在社交媒体上进行宣传，成为一种行之有效的方式。这不仅能拉近品牌与当地消费者的距离，还能显著提升品牌的知名度与影响力。

如果品牌出海的目的地是欧美市场，就可以利用圣诞节、情人节、感恩节、万圣节、"黑色星期五""网络星期一"等节假日或特色活动在社交媒体平台上开展营销活动。如果出海东南亚市场，则要关注斋月、水灯节、屠妖节等节日；如果出海中东市场，则要关注开斋节、古尔邦节等节日。

在印度，排灯节是欢庆、家人团聚的重要节日。我国智能手机品牌vivo巧妙利用这一营销节点，聚焦家庭和亲情主题，在Instagram上打造#JoyOfHomecoming主题短片，并开展一系列营销活动，旨在引起当地用户对节日团圆的情感共鸣。短片一经发布，便收获超过1.5万次互动。

为了进一步扩大传播效果，vivo不仅依赖官方账号进行营销推广，还邀请短片中的主演在其个人Instagram主页分享内容。借助其影响力，最终实现了80万以上的播放量。此外，vivo巧妙地将新产品融入故事中，使其成为家庭幸福时刻的见证者，自然而不突兀地完成了产品展示。

MeToo是我国一家定位于年轻消费群体和时尚风格的口腔护理品牌，它敏锐地捕捉到印尼斋月期间人们对口腔清洁产品的刚性需求，并以此为契机推出了一款漱口水新品。

为了使新品快速进入市场，MeToo 设计了一场线上品牌挑战赛，旨在通过创新的方式吸引目标用户的注意并传递产品价值。

在创意方面，MeToo 将产品功能特性与互动体验相结合，用户在视频中触碰漱口水，会看到牙齿变白的效果。这在增添趣味性的同时，也让用户直观地看到产品的优势。

在达人合作方面，MeToo 邀请多位本地明星、网红参与挑战赛，借助他们的影响力扩大挑战赛传播与曝光范围，加速品牌认知。在斋月挑战赛热度的基础上，MeToo 后续数月持续加大对达人、直播和广告的投入，进一步带动产品销量增长。

10.2.3　用热点话题引爆全网

在数字化时代，社交媒体成为信息传播和品牌塑造的重要阵地。无论是国内还是海外市场，热点话题总是能在短时间内吸引大量关注，为品牌营销带来机遇。对于我国出海品牌而言，如何实时监测并巧妙利用这些热点话题，甚至自主打造热点，成为实现病毒式营销传播的关键。

热点营销就是将品牌或产品推广巧妙融入热门话题讨论中，以此提升品牌的知名度和影响力。这种营销策略不仅能够迅速吸引消费者的注意力，还能在潜移默化中加深品牌印象，促进转化率和销售额的提升。成功的热点营销不仅仅是简单的"蹭热点"，而是需要在对话题热点进行深度挖掘的基础上，结合品牌自身的特点和优势，实现营销内容与热点的无缝对接。

在卡塔尔世界杯期间，小米精准把握时机，借助世界杯这一全球瞩目的热点话题，在 Facebook 平台上通过 Xiaomi Morocco 账号开展比分竞猜互动活动，并借势推广小米电视、小米盒子等产品。这一活动不仅吸引了大量米粉的积极参与，还成功吸引了更广泛的受众群体，提升了品牌知名度，增强了与消费者的互动和黏性，为之后的品牌营销活动奠定基础。

要实现热点营销的最大化价值，深度挖掘和充分准备是必不可少的。首先，品牌要对热点话题进行深入研究，了解话题的背景、受众群体以及潜在的传播价值。其次，品牌要结合自身的特点和优势，找到与热点话题的契合点，确保营销内容与热点话题紧密关联。最后，品牌还要制订详细的营销计划，包括活动形式、推广渠道、时间安排等，确保营销活动顺利进行。

除了利用现成的热点话题，我国出海品牌还可以借助 AI 自主打造热点话题，实现更加精准和深入的营销传播。例如，生数科技（Vidu）是我国领先的视频大模型研发企业，其产品对标 OpenAI 的 Sora，支持多主体一致性、长时长视频生成，并在全球范围内开放 API 接口。2024 年 9 月，Vidu 正式上线后，与多款中国出海泛娱乐应用合作，通过 AI 技术创造新型互动玩法，成功打造多个全球性热点话题。

Vidu 通过其独家"参考生视频"功能，允许用户上传多张照片生成人物互动的动态视频。例如，用户上传两张照片即可生成两人拥抱或亲吻的逼真视频。这一功能被集成至多款社交应用中，迅速在 TikTok、Instagram 等平台引发病毒式传播。

针对 2024 年圣诞节，Vidu 提前开发了"圣诞老人送礼""雪球大战"等动态特效，允许用户生成个性化节日视频。例如，用户上传自拍即可生成与圣诞老人互动的场景，或通过膨胀特效将普通照片转为节日贺卡。

策划具有创意和话题性的活动、发布引发争议或共鸣的内容，能够激发受众的讨论和分享欲望，从而形成独特的品牌热点，帮助品牌树立独特的品牌形象和个性。

10.2.4 请素人模特拍摄产品测评视频

邀请素人模特拍摄产品测评视频并发布在海外社交媒体平台上，逐渐成为一种行之有效的营销策略。

相较于明星或网红，素人模特更贴近普通消费者的生活。他们的真实体验和评价，往往能引发海外受众的共鸣，让消费者更易产生信任和认同感。

以我国某新兴美妆品牌为例，该品牌在进军东南亚市场时，便选择邀请当地素人模特进行产品测评。该品牌在社交媒体上发布招募信息，吸引了众多对美妆感兴趣的当地素人报名。品牌方根据产品特点和目标受众，挑选了不同肤色、肤质和年龄层次的素人模特。

这些素人模特在收到产品后，在日常生活场景中使用该品牌的化妆品，并拍摄测评视频。视频中，她们真实地分享了使用产品的感受，包括质地、气味、上妆效果，以及使用过程中遇到的问题等。

比如，一位素人模特在视频中详细描述了粉底液的遮瑕力和持久度，还展示了自己带妆一整天后的皮肤状态。这些真实的测评内容发布在社交媒体平台上后，迅速吸引了大量用户的关注。许多用户在评论区留言，询问产品的购买渠道，还有不少人表示因为这些素人的真实分享，对该品牌产生了浓厚的兴趣。

再来看一个我国智能家电品牌的案例。为了打开欧洲市场，该品牌邀请了德国、法国、意大利等多个国家的素人家庭，对其智能家电产品进行测评。这些素人家庭在日常使用中，体验了智能家电带来的便捷性，如智能烤箱的精准控温等。他们拍摄的测评视频，不仅展示了产品的功能，还展现了这些产品如何融入家庭生活，提升生活品质。

例如，一个法国的素人家庭拍摄了一段全家一起使用智能烤箱制作美食的视频，视频中孩子们兴奋地参与其中，家长轻松操作烤箱，整个过程充满了温馨和欢乐。

这些视频在社交媒体平台上广泛传播，引发了大量用户的点赞、评论和分享。品牌的知名度和美誉度在欧洲市场迅速提升，为后续的市场拓展奠定了坚实的基础。

10.3 跨境直播：零距离触达

跨境直播是一种新兴的电子商务模式，拓宽了我国品牌出海的渠道。借助 TikTok 等跨境直播平台，我国品牌不仅能够实时展示产品特色、解答海外用户疑问，还能深入了解各地文化差异，制订个性化营销方案，从而零距离触达海外用户，增强品牌影响力。

10.3.1 海外有哪些平台支持直播

随着跨境电商的迅猛发展，在海外平台上直播带货已成为我国卖家拓展国际市场的重要手段。下面将对 6 个主流海外直播带货平台进行分析，帮助卖家了解各平台的特点以及适合的产品种类。

Amazon 作为全球最大的电商平台之一，为卖家提供了直接面向消费者的直播渠道。Amazon Live 功能允许卖家在平台上直播，展示产品，吸引潜在买家。Amazon Live 覆盖北美、欧洲等多个市场，适合全球化电子产品、家居用品等品牌进行直播带货。

TikTok 凭借短视频迅速风靡全球，用户多为年轻人。平台优点是用户黏性高、传播力强、算法推荐精准，但直播带货生态尚在完善中。适合年轻、有创意的时尚和美妆品牌入驻。

YouTube 是全球知名视频平台，用户对视频内容接受度高。卖家可凭借优质视频内容吸引观众，再通过直播带货转化。它的优势在于内容创作空间大，流量丰富。但卖家要具备较强的视频制作能力。

Shopee 和 Lazada 专注于东南亚市场，在当地拥有庞大的用户基础。它们的优势在于对东南亚市场有深入的了解，物流体系较完善。不足之处在于平台竞争较为激烈。适合符合东南亚市场需求的各品类商品入驻。

Coupang 是韩国本土知名电商平台，适合韩国本土和一些特殊商品的卖家进行直播带货。Coupang 在韩国市场有较高的知名度和用户基础，对于希望进入韩国市场的卖家来说是一个不错的选择。

每个海外直播带货平台都有其特点和适用场景。卖家在选择平台时，应根据自身的实际情况和商品特点进行评估，多平台组合可能是更明智的选择。通过深入了解各平台的特点和优势，卖家可以更好地利用海外直播带货的机遇，拓展国际市场。

10.3.2 规划：制订一份直播计划

为确保跨境直播带货取得良好效果，出海品牌须制订一份详细且全面的直播计划，如图 10-1 所示。

1. 前期准备

（1）平台选择。品牌须深入研究不同海外平台的特点、用户群体和市场定位，根据品牌和产品特性，精准挑选最契合的平台，也可考虑多平台组合直播。例如，时尚美妆品牌可优先考虑 TikTok 和 YouTube；面向全球市场的中大型企业，亚马逊直播是不错选择。

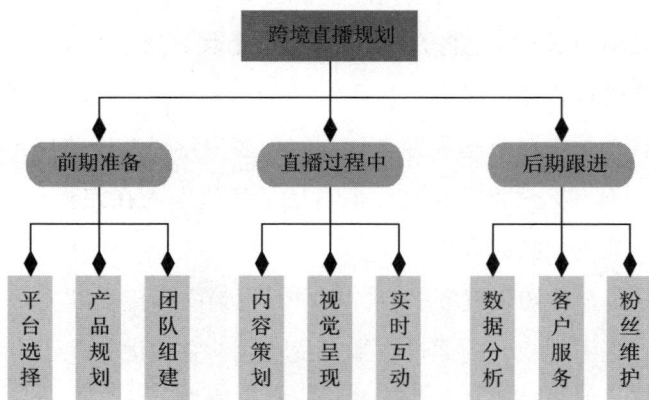

图10-1　跨境直播规划

（2）产品规划。分析目标市场的消费习惯、流行趋势，结合产品优势，确定直播主推产品。准备丰富的产品库存，确保直播期间不会出现缺货的情况。

（3）团队组建。组建专业直播团队，包括主播、场控、运营、客服等。主播须具备较好的外语表达能力、良好的沟通技巧和丰富的产品知识，能与海外观众顺畅互动。场控需要确保直播过程中各项设备正常运行，负责商品上下架、设置优惠等。运营负责直播策划、推广、数据分析等工作。客服要及时处理消费者的咨询和售后问题，提供优质服务。

2. 直播过程中

（1）内容策划。设计富有创意和吸引力的直播内容。开场可通过有趣的互动或热点话题吸引观众注意力。直播中，详细介绍产品的功能、特点、使用方法，展示产品的优势和价值。邀请专业人士或素人进行产品试用，分享真实体验。设置互动环节，如问答、抽奖等，提高观众参与度。

（2）视觉呈现。注重直播画面的视觉效果，确保画面清晰、光线充足、背景布置符合品牌形象。产品展示要突出重点，运用特写镜头展示产品细节。主播的着装和形象也要与品牌风格相符。

（3）实时互动。实时关注观众的留言和提问，及时给予回复。对于观众的建议和反馈，要积极倾听和采纳。

3．后期跟进

（1）数据分析。直播结束后，对直播数据进行深入分析，包括观看人数、观看时长、互动量、销售额等。通过数据分析了解观众的喜好和需求，评估直播效果，为后续直播提供经验参考。

（2）客户服务。及时处理消费者的订单，确保商品快速、准确送达。对消费者的售后问题，要积极解决，提供满意的解决方案。

（3）粉丝维护。对直播吸引的粉丝进行维护和管理。定期发布品牌动态、产品信息等内容，保持与粉丝的互动。举办粉丝专属活动，如线上聚会、新品试用等，提升粉丝黏性和忠诚度。

我国出海品牌在海外平台进行直播带货，须从直播前、中、后各个环节入手，精心策划、全面准备，以确保直播顺利进行、取得良好效果。

10.3.3　如何提高直播效果

我国的很多品牌都积极通过各种平台进行跨境直播，但是一些品牌的直播效果不好，用户转化率不高。为了提升跨境直播效果，出海品牌要关注五个关键点，如图 10-2 所示。

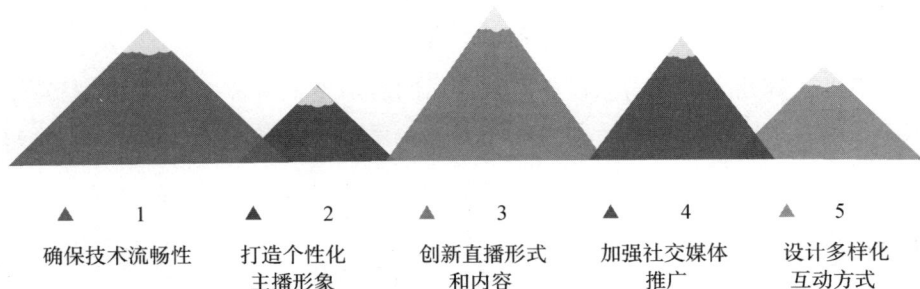

▲ 1	▲ 2	▲ 3	▲ 4	▲ 5
确保技术流畅性	打造个性化主播形象	创新直播形式和内容	加强社交媒体推广	设计多样化互动方式

图10-2　提升跨境直播效果的方法

1. 确保技术流畅性

稳定的技术支持是直播成功的基石。出海品牌要提前测试直播设备与网络，选用优质的直播平台和工具，保障直播画面清晰、声音流畅，避免出现卡顿、掉线等状况。同时，准备备用方案，如备用网络设备、直播平台，以防突发技术故障，确保给观众带来优质的观看体验。

2. 打造个性化主播形象

主播是直播的灵魂人物，其形象直接影响直播间的人气和观众的购买意愿。根据品牌定位与目标受众，品牌应为主播塑造独特且具亲和力的形象。例如，针对年轻潮流群体，主播可穿着时尚、语言风趣，展现出青春活力；面向商务人士，主播则需着装专业、表达严谨，体现出专业素养。

除了真人主播，AI 数字人主播也越来越多地出现在直播间。例如，河北白沟天尚行箱包皮具公司引入会说外语的 AI 数字人主播。真人主播每天直播两小时，其余时间由 AI 数字人主播接管。借助 DeepSeek 软件，公司能将直播文案由中文快速转换为 36 种外语版本的产品介绍视频。这一转变不仅突破了语言障碍和直播时长限制，还解决了地域时差问题。目前，该公司线上销售额占比已增长至 50% 以上。

3. 创新直播形式和内容

单调乏味的内容难以留住观众。因此，品牌应创新直播的形式与内容，使之更加丰富多彩。例如，可以开展沉浸式直播，如在产品的实际使用场景中进行直播，让观众更直观感受产品价值；举办主题式直播，如"复古美妆盛宴"，围绕特定主题介绍产品。内容上，除产品介绍外，还可分享行业知识、趣事等，增加直播的趣味性和丰富度。

例如，郑州力美奇游乐设备有限公司的总经理王雪娇为跨境直播打造了一个 4 万平方米的游乐场，让业务员在真实场景里展示产品，通过这种沉浸式直播，海外客户不用到中国实地考察，就能直观地感受到产品在实际场景中的效果。

4. 加强社交媒体推广

品牌可以提前在海外主流社交媒体平台发布直播预告海报、短视频，利用平台的广告投放功能，精准定位目标受众。与社交媒体上的网红合作，邀请他们为直播宣传推广，借助其庞大的粉丝群体扩大直播影响力，吸引更多潜在观众。

5. 设计多样化互动方式

有效的互动能够显著提高观众的参与度和留存率。品牌应在直播过程中设置多种互动方式，如设置问答环节，解答观众对产品的疑问；开展抽奖活动，奖品可以是直播产品或品牌周边；举办限时抢购、拼团等促销活动，刺激观众消费。在这方面，出海品牌可以借助 AI 工具，从而获得更多灵感，如图 10-3 所示。

通过采取以上多种措施，我国出海品牌可以有效提升跨境直播效果，在海外市场中大放异彩。

> 我是一名来自浙江杭州的女装卖家，现在需要在TikTok上进行一场面向全球用户的跨境直播。我想设计一些多样化的互动方式，让直播更有趣。我可以采取哪些方式呢？

已完成思考 ∨

以下是为您设计的跨境直播互动方案，结合 TikTok 平台特性与女装行业特点，提供 12 种可落地的互动形式：

一、实时互动类

1. 穿搭挑战投票

· 直播中展示 3 套不同风格女装（如通勤／度假／派对），发起 #我的春日衣橱 话题投票

· 观众在评论区发送对应数字（1/2/3），票数最高款现场试穿并讲解设计亮点

· 案例：SHEIN 曾用此形式单场直播涨粉 1.2 万，投票款销量提升 37%

2. 尺码计算器

· 开发简易 H5 工具，观众输入身高体重后自动推荐尺码

· 现场连线输入数据的观众，赠送 5 美元无门槛券

· 技术实现：使用 TikTok API 对接第三方工具，确保数据安全

图10-3 豆包给出的答案

二、促销转化类

3. 动态折扣墙

· 直播间右侧设置动态折扣墙，显示实时在线人数

· 每新增 100 人解锁更低折扣（如 500 人 9 折→1000 人 8 折）

· 案例：PatPat 母婴用品直播用此模式，单场 GMV 突破 20 万美元

4. 神秘福袋
　· 99 美元福袋包含 3 件随机单品（价值 150～200 美元）
　· 评论区发送 #福袋好运 参与抽奖，中奖者须在 10 分钟内下单
　· 优化点：福袋商品包含当季新品 + 经典款组合

三、文化融合类

5. 时区专属彩蛋

· 针对不同时区观众设置专属福利：

● 欧洲观众：整点抽奖送丝绸方巾

● 美洲观众：晒单返现 10%

● 东南亚观众：满 50 美元送防晒冰袖
　· 数据支撑：TikTok For Business 时区分析工具

图10-3　（续）

10.3.4　案例研究：FOCALLURE在TikTok上7天卖出1万件产品

在竞争激烈的海外美妆市场，国内美妆品牌 FOCALLURE（菲鹿儿）凭借独特策略，在 TikTok 平台上脱颖而出，实现惊人业绩。

多数国内美妆品牌主攻欧美市场，FOCALLURE 却另辟蹊径，将东南亚作为主战场，尤其是印尼市场。在短短 7 天内，其 TikTok 小店 Focallure Indonesia 售出超过 1 万件产品，销售额约 7.47 亿印尼盾（约合 33 万元），成绩斐然。

深入探究其成功秘诀，持续直播带货起到了关键作用。在 7 天内，该小店总计进行 15 场直播，其中 11 场为带货直播，平均每场直播时长 5 小时 18 分钟，平均每场销量达 673.3 件。

FOCALLURE 的成功，首先得益于直播内容的本土化。他们选用会说印

尼语的主播，拉近与印尼用户的距离，确保能精准解答用户的各类问题。根据 TikTok for Business 平台的报告，印尼消费者对本地品牌有着强烈偏好，更信赖真正实现本土化的品牌。FOCALLURE 深知这一点，通过语言、价值观、品牌形象的本土化，成功赢得印尼消费者的信任。

持续稳定开播也是 FOCALLURE 的制胜法宝。其 TikTok 小店 Focallure Indonesia 保持每天直播的频率，有效培养了用户的看播习惯。7 天 15 场直播，30 天 79 场直播，其中 65 场为带货直播，持续的曝光让品牌在用户心中留下深刻印象。

此外，FOCALLURE 采用多账号同时开播的策略。除了 TikTok 小店 Focallure Indonesia，旗下其他账号也有固定直播时间。这提升了品牌曝光度，能够吸引更多用户。

FOCALLURE 还深知短视频的重要性，坚持直播与视频双管齐下。FOCALLURE 通过多个账号发布化妆教程、直播幕后花絮等内容，打造视频矩阵，众多视频播放量破千万。在视频下方，大量用户询问产品信息和价格，有效激发了用户的购买欲望。

FOCALLURE 在印尼市场的成功，彰显了 TikTok 直播带货领域的巨大潜力。其本土化直播内容、持续稳定开播、多账号开播以及直播与视频并重的策略，为其他国内美妆品牌乃至更多出海品牌提供了宝贵的借鉴经验。

第 11 章

合规化运作：
遵守当地法律法规

合规化运作是我国企业出海的命脉，决定着企业在海外市场能否行稳致远。本章深度剖析多个合规要点，分析不同市场的合规重点，并着重讲述 TikTok 因数据合规问题频遭欧美巨额罚款、瑞幸咖啡在泰国遭遇"李逵战李鬼"商标侵权等案例，为出海企业提供科学合理的合规运作方案，助力出海企业筑牢合规发展根基。

11.1　合规是出海的重中之重

合规是我国企业在国际市场发展的一条重要生命线。出海企业应练好"内功"，做好知识产权合规、人力资源合规、税务合规、数据合规等合规工作，确保每一步都符合当地的法律要求。

11.1.1　海关申报合规

在复杂多变的国际贸易环境中，海关申报合规性是品牌出海的首要关卡。深圳数贸云智人工智能有限公司推出的 TransTrade AI 跨境报关 AI 中枢打造了从单证生成、合规核验到风险预警的全链条自动化报关方案，为跨境贸易提供安全、高效的报关服务。

在智能单证处理方面，利用 DeepSeek 的强语义理解能力，其能够实现图像、文字、语音、视频等多模态单证信息解析与多语言翻译，信息和数据智能补全与纠错，自动识别单证文字并将其转换为电子格式等。

在动态合规性核验方面，TransTrade AI 能够实现政策语义理解，如实时更新法规数据库、智能解析政策文本、预测政策变动趋势；自动检测逻辑矛盾，如校验数据的一致性、分析不同法规之间的潜在冲突、监测异常行为和数据等。通过学习历史合规案例，TransTrade AI 能够提供智能审核建议，及时拦截合规风险点。

在智能风险预警与决策支持方面，TransTrade AI 可以实现数据驱动的风险特征挖掘、海关稽查应对，以及货物申报、交易模式、运输路径等异常行为检测，并自动生成数字证据链和风险预警报告。

借助 AI 底层校验逻辑，TransTrade AI 实现与我国及世界海关系统的数据同步，精准匹配海关编码与实物产品。同时，它对价格合理性、目的国法规以及申报价格等数据进行优化整合，为企业提供合规申报建议，有效规避海关风险，让品牌出海的第一步便走得稳健。

11.1.2　知识产权合规

广阔的海外市场给我国企业带来无限发展机遇，却也隐藏着诸多风险。其中，知识产权合规风险不容忽视，稍有不慎，便可能让企业陷入困境。品牌出海常见知识产权风险如图 11-1 所示。

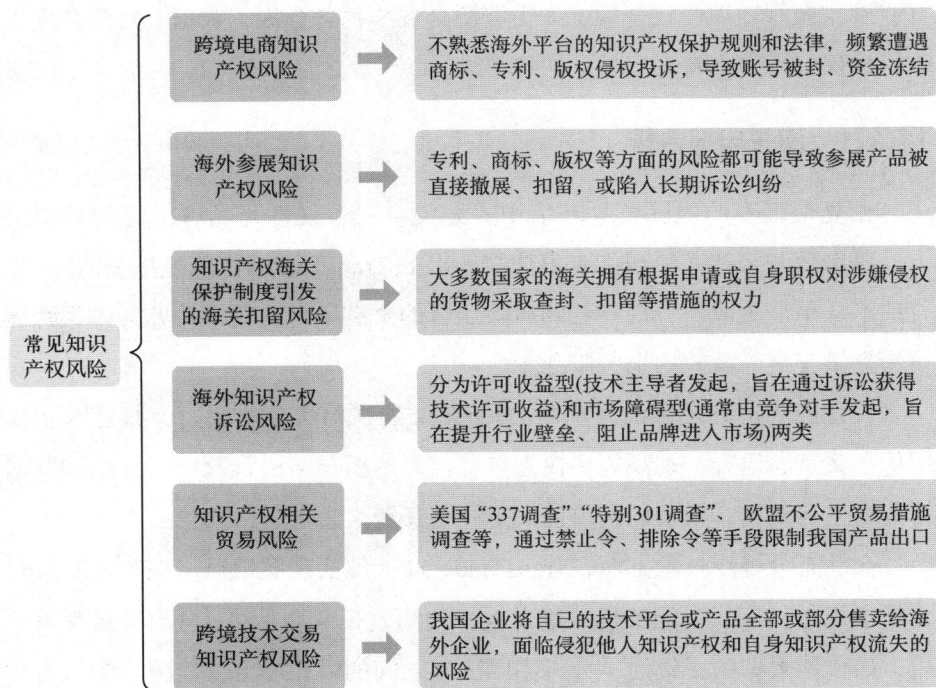

图11-1　品牌出海常见知识产权风险

以深圳某科技企业为例。该企业凭借其在闪存盘技术上的多项发明专利，在国内存储设备市场占据重要地位。为进一步拓展业务版图，该企业将目光投向美国市场。

但美国的知识产权法律体系极为复杂且严苛，尽管该企业在出海前已做了一定准备工作，仍难以充分应对。其产品进入美国市场后，遭遇竞争对手发起的知识产权诉讼。美国企业依据美国本土的知识产权法律条款，对该企业的产品专利提出异议，指控该企业侵犯其相关专利权益。

面对这一法律挑战，该企业陷入被动境地。虽然该企业在国内拥有稳固的专利基础，但中美两国在专利判定标准、侵权认定规则等方面存在显著差异。这使得该企业在应对诉讼时面临诸多困难，需要投入大量的时间、人力以及巨额资金用于法律抗辩。

这场知识产权诉讼持续多年，给该企业带来了一系列严重的负面影响。从财务角度看，高昂的诉讼费用和律师费用极大地消耗了该企业的资金储备，严重压缩了其利润空间。在市场层面，诉讼期间产品在美国市场的销售受到严重阻碍，市场份额持续下滑。更为关键的是，该企业的品牌形象遭受重创，消费者对其产品的信任度显著降低。

该科技企业的经历为所有出海企业敲响了警钟，凸显了知识产权合规在企业国际化进程中的重要性。出海企业在开拓海外市场之前，必须对目标市场知识产权法律法规进行全面深入研究，系统梳理自身的知识产权资产，提前制定科学合理的知识产权战略布局。

此外，在产品研发、生产制造、市场营销等环节，出海企业应严格遵循当地的知识产权法律法规要求，以规避潜在的侵权风险。一旦遭遇知识产权诉讼，企业应迅速组建专业的法务团队，积极采取法律行动，运用法律武器维护自身的合法权益。

11.1.3　人力资源合规

霞光智库发布的《2025 中国企业出海洞察及全球趋势展望》报告显示，我国企业在拓展国际市场时，面临着与当地劳动法规磨合的问题。

不同国家和地区的劳动法律法规千差万别。例如，马来西亚和印度尼西亚等国通过设定外籍员工比例限制及缴纳补偿金等方式，鼓励企业优先雇佣本地劳动力。在马来西亚，外籍员工与本地员工的比例通常为 3:7；而在印度尼西亚，企业每雇佣一名外籍员工，每月需支付 100 美元补偿金。

以某家专注于生产汽车安全玻璃的企业为例，其在美国俄亥俄州设立的工厂因工人在不安全的环境中作业而违反美国劳工法，被处以约 23 万美元的罚款。在此后的一年里，该企业再次违反了员工操作安全标准，被追加 5

万美元罚款。

该企业接连遭受处罚的根本原因在于没有完全理解并适应美国的劳工制度。在国内，该企业习惯于高度集中的管理模式，但在美国，这种做法却遭遇了强烈的抵制。美国工会组织积极介入，通过集体谈判和法律手段维护工人的权益。最终，该企业不得不调整其管理策略，增加了安全培训，并改进了内部沟通机制，才逐渐平息了争议。

此外，某些国家对于工资支付有着极为严格的规定。以泰国为例，如果雇主未能按时支付员工工资，除了要缴纳滞纳金（年利率为 15%），还可能面临最高 6 个月的监禁处罚。因此，对于计划进入海外市场的企业而言，及时识别并应对潜在的劳动用工合规风险至关重要。

面对人力资源合规挑战，出海企业必须积极应对。首先，要组建专业的法务和人力资源团队，深入研究目标国家和地区的劳动法律法规，制定符合当地规定的人力资源管理策略。其次，加强跨文化培训，提升员工对不同文化的理解和适应能力，促进企业内部的文化融合。最后，企业还应建立完善的合规监督机制，定期进行内部审查，确保人力资源管理活动始终符合当地法律要求。

11.1.4　税务合规

不同国家和地区的税法和税收环境存在很大差别，如果出海企业没有提前深入研究目标市场的税法要求并严格遵守，就可能引发税务合规风险。

我国某家跨境电商企业在马来西亚设立了子公司，并试图通过关联交易来降低税负。该企业采用了转移定价策略，将利润从高税率地区转移到低税率地区，从而降低整体税负。然而，这一策略并未得到充分的法律支持和专业指导。

在一次例行审计中，马来西亚税务部门发现其在转移定价方面存在不合规行为，认为其人为操纵交易价格以逃避税收。结果，该企业不仅被要求补缴欠缴的税款，还被处以巨额罚款。这给该企业带来了沉重的财务负担，并对其品牌形象产生了负面影响。

这个案例反映出我国企业出海时面临的税务合规风险。

首先，各国对于跨国企业的转移定价有着严格的规定，以防跨国企业利用内部交易进行避税。例如，在马来西亚，税务机关对关联交易的价格有明确的要求，必须基于公平交易原则，确保价格反映市场价值。如果企业未能遵守这些规定，就可能被视为违反当地税法，遭受严厉处罚。

其次，不同国家之间的税收协定也会影响企业的税务筹划。双边或多边税收协定通常包含避免双重征税和防止逃税的条款，同时也设定了具体的条件和限制。因此，企业在制定税务策略时，不仅要考虑直接的税收成本，还要全面评估潜在的合规风险。

为了规避税务风险，我国企业在出海时应采取一系列预防措施，如图 11-2 所示。

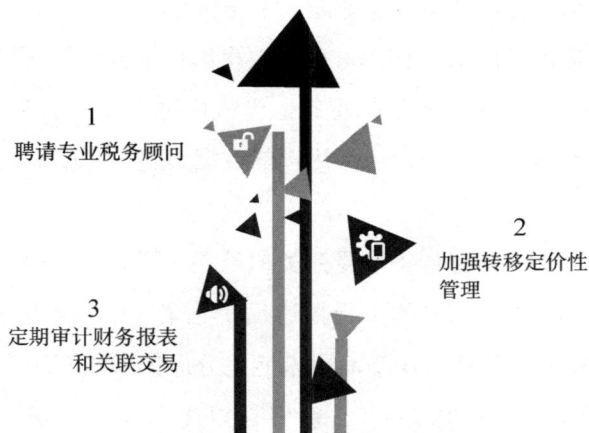

图11-2　出海企业规避税务风险的措施

（1）聘请专业税务顾问。专业税务顾问熟悉当地的税务法规和政策，能够帮助企业制订合理合法的税务筹划方案，帮助企业在合法的前提下降低税务成本。

（2）加强转移定价合规性管理。在进行关联交易时，应遵循公平原则，确保交易价格合理、公允，能够通过税务部门的审查。

（3）定期审计财务报表和关联交易。出海企业应建立一套系统的审计机制，包括但不限于年度财务审计、专项税务审计等，以及时发现潜在的税务风险并加以整改。

税务合规是出海企业必须坚守的底线。只有高度重视税务合规问题，采取切实有效的防范措施，企业才能在海外市场稳健发展。

11.1.5　数据合规

不同国家和地区对数据保护有着不同的规定。例如，欧盟《通用数据保护条例》要求企业必须合法、透明地处理个人数据，并采取相应的技术和措施来保护数据安全。同时，数据主体对其个人数据拥有知情权、可携带权和被遗忘权等。对此，出海企业要了解并严格遵守各地的数据法规，确保数据合规，避免陷入纠纷、影响业务发展。

TikTok作为全球最受欢迎的短视频平台之一，其在欧美市场遭遇的一系列数据合规问题，为其他出海企业敲响了警钟。

自进入欧美市场以来，TikTok已经多次因数据合规问题被罚款。最近一次是在2024年3月，意大利数据保护监管机构对TikTok开出了1000万欧元的罚单，原因是其非法收集未成年用户的数据，违反了欧盟的《通用数据保护条例》。

在此之前，TikTok已经多次受到类似处罚。例如，2019年2月，TikTok被美国联邦贸易委员会（FTC）指控违反《儿童在线隐私保护法》，被罚款570万美元；2021年2月，TikTok因未能充分保护未成年用户隐私而被意大利处以60万欧元罚款；2022年7月，英国以TikTok未保护儿童隐私为由而对其处以1860万英镑罚款。

频繁的罚款事件，表明TikTok在欧美市场的数据合规问题相当严峻，尤其在未成年人隐私保护上，其已成为监管机构重点盯防的对象。

除了隐私保护问题，TikTok还面临数据安全争议。美国政府曾以国家安全为由，要求字节跳动公司剥离美国业务并禁止TikTok运营，这引发了广泛争议。美国政府提出TikTok收集的大量用户敏感数据，如位置、浏览记录、通讯录等，可能被不当使用从而威胁国家安全。但反对者认为强制出售违背自由贸易原则，损害企业合法权益，应通过制定严格数据保护法规解决问题。

TikTok 的遭遇并非个例，它反映出我国出海企业在海外面临的数据合规困境。不同国家和地区数据法规差异大，如果出海企业不能深入了解并严格遵守，极易陷入合规泥沼，面临罚款、业务受限甚至被强制剥离等严重后果。

对于我国出海企业而言，重视数据合规，加强内部管理，深入研究当地法律法规，制定有效应对策略，已是当务之急。

11.2　不同市场的合规重点

不同市场的法律环境、文化习俗不同，因此合规要求也存在显著差异。在进入目标市场之前，出海企业应进行深入调研，明确合规重点，筑牢合规防线，以稳健的姿态迎接全球化机遇与挑战。

11.2.1　东南亚：合规门槛动态提高

近年来，东南亚跨境电商市场爆发式增长，吸引了全球商家的目光。Shopee、Lazada 等传统电商巨头称霸市场，TikTok Shop 等新兴社交电商平台也迅速崛起，市场竞争格局发生了深刻的变化。随着市场规模的扩大，竞争日益激烈，出海企业面临的合规门槛也持续提高。

为了促进本土企业发展、增加税收收入，东南亚各国纷纷出台新的跨境电商政策，抬高了合规门槛。例如，2023 年，印尼政府发布新规，明确规定所有进入该市场的跨境电商必须在当地注册公司并依法纳税；2024 年，泰国加强了对外国电商的税务监管，规定其必须为在本地销售的商品缴纳增值税。这些措施虽然有助于规范市场秩序，但也意味着跨境电商要投入更多资源进行合规化运作。

东南亚各国在数据隐私保护、知识产权保护等方面的法律法规差异显著，这给跨境卖家带来了不小的挑战。为维护电商市场的透明度和公平性，各国政府加大了对市场的监管力度。例如，泰国政府严厉打击跨境劣质商品，已清除价值超 2.2 亿泰铢的不合格产品；印尼贸易部则销毁了价值高达

102亿印尼盾的非法货物。这些举措充分显示了当地政府保护消费者权益、鼓励企业合规化经营的决心。

面对日益提高的合规门槛，电商平台也积极采取措施响应。2024年4月，ShopeeMall品牌商城推出新政策，承诺如果买家购买的商品被证实为假货，将向买家支付购买金额3倍的赔偿，并将退货期限从7天延长至15天。这些举措不仅增强了消费者的信心，也彰显了平台对假货零容忍的态度。

东南亚地区合规门槛动态提高，给我国出海企业带来了严峻挑战。企业须深入了解并遵守目标市场的法律法规，增强合规意识，组建专业化合规团队，实现本地化运营。总之，只有采取科学合理的合规策略，出海企业才能在东南亚市场中站稳脚跟，实现可持续发展。

11.2.2　欧美市场：必须重视合规细节

在走向国际市场的过程中，我国消费品企业将欧美市场视为战略重心。然而，欧美市场的合规标准与要求日益精细化，出海企业面临很大的风险。

以无锡的Temu卖家李先生为例，他深刻感受到欧美市场竞争的激烈和资质审核的严格。例如，化妆品、电子产品等基础消费品的卖家，如果未通过相应的资质认证，就难以参与市场竞争。

特别是像"加州65号法案"这样的法规，对产品中特定毒性化学物质有严格规定，要求厂商必须贴上明确的警告标识。然而，许多北美卖家因忽视这一细节，未能及时完成相关认证并贴上标识，结果遭遇了法律诉讼、资金冻结，甚至不得不关闭店铺。警告标识的背后，实际上是北美市场对出海企业在细节合规性方面的严格要求。

为了适应北美市场的要求，一些跨境电商平台进行了相应的调整。例如，2023年6月，Temu平台积极响应合规要求，增强了对知识产权、外观专利等资质认证审核的严谨性，导致部分未能达到标准的小卖家被迫退出市场。这一变化无疑为那些希望在欧美市场稳固立足的卖家敲响了合规经营的警钟。

回顾过去，我国企业早期的出海之路相对顺畅，合规规则较为宽松。但随着全球化进程的推进，各国对外资企业的监管日益严格。以亚马逊平台为例，早期开店无须提供VAT（Value Added Tax，附加税）税号，但如今平台已能够直接抓取数据并自动扣税，这无疑增加了企业的运营成本和合规难度。

致力于合规出海的企业不仅要关注市场趋势的判断、公司类型与节税策略的制定、政策红利的利用，还须深入了解并迎合当地市场的情绪偏好、开展海外招聘与劳工调配等本土化工作。此外，在北美等市场开设线下品牌店时，企业还须严格遵守原产地概念、税务规定、社会责任标准以及售后服务等要求，并构建起完善的用户信息安全与隐私保护体系。

总之，我国消费品出海欧美市场，合规要求日益严格和细化。企业须不断适应和应对，从简单的规则遵循到全方位的本土化合规，以在欧美市场立足和发展。

11.2.3 案例研究：瑞幸咖啡在泰国的"败诉"经历

2023年12月，我国连锁咖啡品牌瑞幸咖啡在泰国的一场商标诉讼中败诉，引发国内外广泛关注。这场"李逵战李鬼"的纠纷，不仅暴露了品牌国际化中的法律风险，也为我国企业出海敲响了警钟。

2022年，很多去泰国旅游的游客发现泰国多家咖啡门店的Logo、装修风格与我国的瑞幸咖啡高度相似，仅将标志性小鹿图案左右翻转，并直接使用"luckin coffee"名称。中国瑞幸随即发表声明称这些门店为仿冒，并采取法律手段维权，如图11-3所示。

然而，泰国知识产权和国际贸易中央法庭于2023年12月1日判决瑞幸败诉，理由是其商标未在泰国注册，而泰国皇家50R集团（以下简称50R集团）早在2020年便完成该商标注册并开设实体店。更戏剧性的是，败诉后，50R集团反诉瑞幸并索赔100亿泰铢，指控其非法扣押财产和损害商业信誉。

根据泰国法律，商标保护遵循"注册优先"原则。尽管瑞幸在我国拥有商标权，但中泰未签署商标互认协议，因此泰国法院仅以本地注册记录为判决依据。50R集团通过合法程序注册"瑞幸"商标，且已开设10余家门店，实际运营成为法院判定其非恶意抢注的关键。泰国某律师指出，如果瑞幸能证明其在全球更早使用瑞幸商标或者能证明自身品牌影响力更大，或可通过上诉翻案，但难度较大。

图11-3　中国瑞幸发布的声明

此案产生争议的焦点在于，泰国咖啡店是"山寨"还是合法经营？泰国咖啡店的门店设计、产品包装与中国瑞幸几乎是"像素级复制"，消费者难以区分，会误认其为中国瑞幸。一些法律专家认为，尽管存在模仿嫌疑，但泰方在程序上符合当地法规。

此次事件为我国出海企业带来了警示。具体而言，企业在进入新市场之前，必须提前做好充分准备，包括但不限于：

（1）预先注册商标。为了防止商标被抢注，企业应当尽早对其品牌标识进行国际注册，特别是在那些计划进入的目标市场中。

（2）了解当地法律环境。不同国家和地区有不同的法律法规体系，企业要深入了解当地的知识产权保护机制，以有效地维护自身权益。

（3）灵活应对。当遇到类似情况时，除了通过法律途径解决，企业还可以考虑其他解决方案，比如协商购买商标所有权。

瑞幸在泰国"败诉"是我国企业出海进程中知识产权短板的缩影。随着品牌全球化加速，只有将法律合规与商标布局前置，才能避免"为他人作嫁衣"。

11.3 如何做好合规工作

做好合规工作是出海企业稳健前行的基石。出海企业应进行境外投资备案、建设海外情报系统，并利用技术手段来控制合规风险。此外，ESG（Environmental，环境；Social，社会；Governance，治理）是企业把握出海红利的重要抓手，因此企业应积极践行 ESG 理念，用好 ESG "护身符"。

11.3.1 关键点：境外投资备案

在"走出去"的浪潮中，如何确保投资行为符合国际和国内法律法规的要求，成为企业必须面对的重要课题。其中，境外投资备案（ODI 备案）作为一项基础性工作，对于保障企业的海外投资活动合法合规至关重要。

在进行境外投资备案前，企业应做好充分的准备工作。首先，要明确投资目的和计划，清晰界定境外投资的目标、规模、投资方式等，并制订详细的投资计划。其次，要深入了解目标国家的法律法规、投资环境等，以确保投资活动的合规性。最后，企业还应组建具备国际投资、法律、财务等知识的专业团队，以支持整个备案流程。

完成备案前的准备工作后，企业就可以进入备案申请阶段。这一阶段主要涉及向发展改革委和商务部提交相关申请材料。企业须向发展改革委提交项目信息，包括投资主体、投资金额、投资方式等，并等待发展改革委的核准或备案。同时，企业还须向商务部提交境外投资备案申请，包括企业基本情况、投资计划、风险评估等内容。根据具体情况，企业可能还须提交其他相关材料，如营业执照、境外投资合同等。

在审核与批准环节，发展改革委会对企业的投资项目进行审核，确定是否符合国家产业政策、境外投资政策等。商务部则会对企业的备案申请进行审批，主要关注投资的真实性、合规性等方面。一旦通过审核和审批，企业将获得发展改革委的备案通知书和商务部的《企业境外投资证书》。

获得备案通知书和投资证书后，企业还须办理外汇登记手续，以便将人民币资金换成外汇并出境进行投资。在境外投资过程中，企业须严格按照相关规定使用资金，并接受相关部门的监管。

在整个境外投资过程中，企业要注意以下几点。一是要遵守法律法规。二是做好风险控制，建立完善的风险评估和控制机制，确保境外投资活动稳健进行。三是要及时进行信息披露，定期向相关部门报告境外投资情况。

境外投资备案是企业出海的"通行证"，也是风险防控的第一道屏障。在全球竞争加剧的当下，只有合规先行、策略精准，企业才能在海外市场行稳致远。

11.3.2　建设海外情报系统

海外市场环境复杂多变，潜藏着诸多风险与挑战。对出海企业而言，建设海外情报系统已成为在激烈的国际竞争中站稳脚跟的关键举措。

海外情报系统能为企业提供多维度的重要信息。在市场调研方面，它可助力企业精准把握目标市场的需求特点。不同国家和地区消费者的消费习惯、偏好差异巨大，通过情报系统收集分析当地市场数据，企业能开发出更贴合消费者需求的产品与服务。例如，深入了解某国消费者对电子产品的功能偏好、外观喜好等，企业就能针对性地优化产品设计，提升市场竞争力。

海外情报系统在风险预警上作用显著。出海企业面临着政治、经济、法律等多方面风险。在政治方面，部分国家的政局不稳定，政策变动频繁，可能导致企业投资计划受阻。在经济方面，汇率波动、经济危机等都会影响企业的成本与收益。借助情报系统，企业能及时掌握这些动态，提前调整策略，降低损失。例如，当得知目标国家即将出台新的贸易政策，企业可提前做好应对准备，从而使政策变动带来的冲击最小化。

企业该如何建设有效的海外情报系统呢？首先，要组建专业团队，成员要包括熟悉国际市场、数据分析、行业研究的专业人才。其次，要利用多元化的信息收集渠道。在线上企业可借助专业数据库、行业论坛、社交媒体等获取信息；在线下则可与当地的商会、咨询机构合作，深入了解当地情况。此外，还须建立高效的信息分析与处理机制，运用大数据分析、人工智能等技术，对收集到的信息进行深度挖掘，为决策提供有力支持。

当然，建设海外情报系统并非一帆风顺，信息的真实性与可靠性是一大挑战。企业须对收集到的信息进行严格甄别，避免被虚假信息误导。同时，还须注意保护商业机密和信息安全，防止因情报泄露而遭受损失。

海外情报系统是企业出海的重要支撑。通过建设并有效运用这一系统，企业能更好地了解海外市场，规避风险，抓住机遇，在国际市场中实现可持续发展。

11.3.3　依托技术控制合规风险

合规风险如影随形，成为出海企业面临的重大挑战。借助先进技术手段来控制合规风险，已成为出海企业稳健发展的关键，如图 11-4 所示。

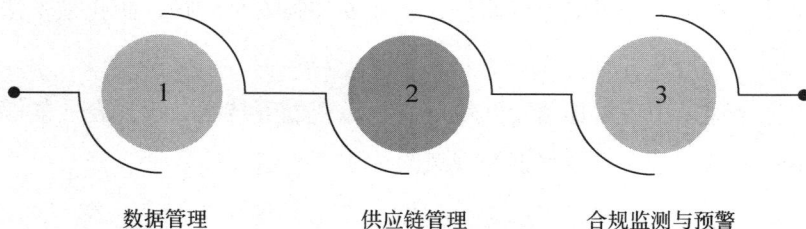

数据管理　　　　　供应链管理　　　　合规监测与预警

图11-4　技术在合规风险控制方面的应用

1. 数据管理

出海企业往往会收集大量的用户数据，而这些数据的合规存储与使用至关重要。通过加密技术，企业能确保数据在传输和存储过程中的安全性，防止数据泄露引发的合规风险。例如，采用 SSL/TLS 加密协议，保障数据在传输中不被窃取或篡改。

利用数据管理系统，企业可以对数据访问权限进行细致划分，只有经过授权的人员才能访问特定数据，严格遵守当地的数据保护法规。

2. 供应链管理

区块链技术的应用，让供应链信息变得透明且不可篡改。企业可以实时追踪原材料的来源、生产过程以及产品的流向，确保整个供应链符合环保、劳动法规等要求。

例如，服装制造企业可以利用区块链技术追溯棉花的产地，确认其种植过程是否符合环保标准，以及工人的劳动权益是否得到保障，避免因供应链问题而遭受处罚。

3. 合规监测与预警

借助 AI 和大数据分析技术，企业可以实时监测各项业务数据，及时发现潜在的合规风险。通过设定合规指标和风险阈值，一旦数据出现异常波动，系统便能自动发出预警。例如，当企业的进出口贸易数据与海关规定的申报标准出现偏差时，预警系统可以及时提醒企业进行核查和整改，避免因违规而遭受罚款或贸易限制。

在使用技术时，企业要投入大量的资金和人力进行系统建设和维护。技术更新换代速度非常快，企业要不断优化升级，确保技术的有效性和合规性。此外，技术本身可能存在漏洞，企业要加强安全防护，防止被不法分子利用。

通过合理运用数据加密、区块链、人工智能等技术，出海企业能够在复杂的国际市场环境中有效降低合规风险，实现稳健发展。

11.3.4 用好ESG "护身符"

ESG 作为企业可持续发展的关键要素，已成为出海企业不可或缺的"护身符"，能够助力企业应对"一带一路"倡议下的复杂贸易环境。

涂鸦智能作为一家全球领先的 IoT 开发平台服务商，在出海过程中积极践行 ESG 理念，不仅为其业务增长提供了新的动力，也为其他企业树立了榜样。

在环保方面，涂鸦智能与法国智能家居品牌 Xanlite 合作推出家庭能源管理系统（HEMS），旨在帮助家庭用户实现节能目标；在中东地区，利用物联网技术赋能阿联酋 2050 年清洁能源战略，为当地提供节能减排的智慧解决方案。

在社会责任方面，在韩国，涂鸦智能与 AnyOnNet 合作，为孤寡老人提供智能化养老服务，提高了他们的生活质量；作为云开发者平台，汇聚超107.4 万名开发者，构建开放中立的全球智慧生态，让开发者共享资源，创造更多可持续发展应用场景。

在公司治理上，涂鸦智能强调透明度和道德经营，积极参与国际活动，在 COP29 联合国气候变化大会上提出 "Smart Decarb 智能减碳" 倡议；加入联合国全球契约组织，承诺遵循人权、劳工、环境和反腐败四个领域的《全球契约十项原则》，在全球范围内推广负责任的商业实践。

出海企业若想充分发挥 ESG 的效用，前期研究必不可少。一方面，要深入了解全球 ESG 生态，其中涵盖国际组织、政府等引导者，股票指数机构等评价体系完善者，资管机构等投资者，以及各类企业实践者。另一方面，须提前调研目标市场的 ESG 发展水平、披露要求与评估体系，明确其与国内的差异。欧盟、美国、日本等经济体在 ESG 领域积累深厚，欧盟出台《企业可持续发展报告指令》等指导文件，美国和日本也出台相关指南和法案。

当前，大多数出海企业的 ESG 意识较为薄弱。少数披露 ESG 信息的企业，其报告或是多部门拼凑，或是外包，且组织架构中往往缺失 ESG 部门，常将相关工作交予市场公关部门。这种不重视的态度，使得可持续发展理念与商业增长脱节，影响企业决策，也难以借助 ESG 开拓新的增长路径。

那么，出海企业该如何用好 ESG "护身符" 呢？

其一，将 ESG 提升至企业最高决策层面，让董事长、CEO 等核心决策者参与其中，积极在国际舞台传播企业 ESG 理念与实践。如今，我国很多大型企业已逐步重视 ESG，在国际气候大会、可持续发展论坛等国际会议上，都能看到它们的身影。

其二，把 ESG 融入企业战略规划，以社会、环境、经济三重标准取代单一财务指标，依据目标市场劳动力特点、文化习俗、消费热点选择合适的 ESG 理念，如环保、公益等，作为开拓市场的总指引。同时，确保 ESG 与出海战略协同，构建完善的 ESG 治理体系，配备专业人员，包括研究人员、品牌传播人员和联络人员，也可以聘请当地 ESG 专家，以加强与各方的沟通。

其三，将 ESG 理念融入企业组织行为与文化，通过在办公场所践行节能减排行为、提供员工福利、鼓励员工参与公益活动等，让员工理解并践行 ESG 理念。这样既能营造可持续发展的文化氛围，构建稳定的员工队伍，还能提升企业的雇主品牌吸引力。

在竞争激烈的国际市场中，出海企业只有重视并善用 ESG "护身符"，从战略规划到组织文化全方位落实 ESG 理念，才能有效规避风险，赢得市场认可，实现长远发展。

下篇

整合当地可用资源

第12章

产业集群：
"抱团"跨境实现互惠共赢

在全球化浪潮中，单打独斗的出海模式渐显乏力，产业集群"抱团"跨境成为我国企业破局的有力武器。从安徽94家企业成立国际经贸合作联盟，到义乌26家企业组团赴韩抢单，再到李宁携手红杉中国布局全球，这些案例揭示了一个核心逻辑：通过资源整合、风险共担与经验共享，"抱团"不仅能降低出海成本，还能形成集群效应，打造可持续的全球竞争力。

12.1　"抱团"克服出海挑战

面对复杂多变的国际市场环境，单个企业往往难以应对所有挑战。而"抱团"出海则成为企业突破困境的有效途径，通过联合协作，共同抵御风险，企业能够更稳健地走向世界舞台，开创海外发展的新篇章。

12.1.1　为什么要"抱团"出海

如今，"抱团"出海已成为一种新的战略选择，受到很多企业的青睐。"抱团"不仅能有效降低风险，还能使各企业充分发挥优势，形成合力。具体而言，企业"抱团"出海具有以下优势。

（1）分散市场风险。面对复杂多变的国际经济环境，单一企业的抗风险能力有限。同行或上下游企业之间建立合作关系，可以共享资源和信息，从而更好地应对市场波动、政策变化及地缘政治风险。例如，在应对反倾销调查时，"抱团"的企业可以联合起来收集证据、聘请专业律师团队，增强应对能力，降低单个企业的应对成本和风险。

（2）整合产业链条，提升整体竞争力。当产业链上不同环节的企业联合起来时，它们可以在采购、生产、销售等多个层面实现协同效应，优化资源配置，提高运营效率。例如，一些服装制造企业通过与物流企业"抱团"出海，建立了高效的配送网络，不仅提高了产品交付速度，也使客户满意度大幅提升。

（3）克服文化差异带来的障碍。每个国家和地区都有其独特的商业文化和法律法规，对于初次涉足海外市场的企业来说，理解和适应这些规则并非易事。而通过与其他有经验的企业合作，新进入者可以获得指导和支持，避免走弯路。

（4）符合国家战略导向。"一带一路"倡议为我国企业提供了广阔的国际合作平台。政府鼓励企业间加强协作，共同参与沿线国家基础设施建设等重大项目。在此背景下，众多企业积极响应号召，借助集体力量参与国际产能合作，既实现了自身的发展目标，也为推动区域经济一体化作出贡献。

总之，我国企业"抱团"出海，既是出于对自身长远发展的考量，也是顺应时代潮流的结果。通过这种方式，企业能够在激烈的国际竞争中站稳脚跟，同时也有助于塑造良好的国际形象，传递合作共赢的价值观。

12.1.2 "抱团"的关键是共享

在经济全球化的大趋势下，"抱团"出海成为我国众多企业拓展国际市场的重要途径。这一出海途径的关键在于共享（如图 12-1 所示），它能将各个企业紧密相连，助力它们在海外市场破浪前行。

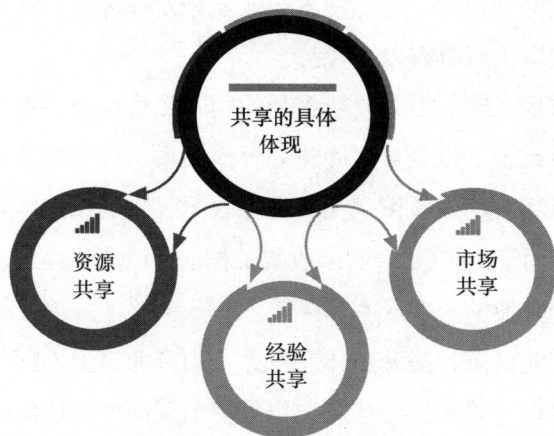

图12-1　共享的具体体现

1. 资源共享

开拓海外市场需要大量的人力、物力和财力，单个企业往往难以独自承担高昂的成本。而多家企业"抱团"实现资源共享，能够优化资源配置，提升资源利用率。例如，在基础设施建设方面，多家企业可以共同出资建设海外仓储中心、物流配送体系等，降低运营成本，提高物流效率。

2. 经验共享

海外市场环境复杂，不同国家和地区在政策法规、文化习俗、市场需求等方面存在巨大差异。拥有出海经验的企业将自身的市场调研、产品本地化、市场营销、应对贸易壁垒等经验分享给后来者，能帮助它们迅速了解海外市场的规则和特点，避免在同样的问题上犯错。例如，一家企业在某国成功应对反补贴调查，它将应对策略和经验分享给"抱团"的伙伴，当其他企业遇到类似情况时，就能有备无患，有效降低风险。

3. 市场共享

"抱团"的企业可以整合各自的市场渠道和客户资源，实现市场深度拓展和客户群体进一步扩大。通过共享市场信息，企业能更精准地把握市场需求，调整产品策略，提供更符合当地消费者需求的产品和服务。例如，几家企业联合在海外举办产品展销会，整合各自的客户资源，可以吸引更多潜在客户，提升品牌知名度和市场份额。

在全球供应链加速重构的大背景下，为了更有效地应对海外市场的挑战，实现资源共享、风险共担，安徽省众多企业，如奇瑞汽车、中铁四局等积极探索"抱团"出海的新模式。

2024年12月，徽派企业国际经贸合作联盟正式成立。该联盟包含94家单位，其中，奇瑞汽车和中铁四局是主发起单位，海螺集团、铜陵有色等企业、商协会是共同发起单位。

该联盟搭建了一个专业的合作交流平台，能够为安徽企业参与国际经贸合作提供专业服务。通过这一平台，企业能够及时获取海外市场信息，共同探索最佳发展策略，提升海外竞争力。

作为联盟的领军企业之一，奇瑞汽车在海外市场成绩斐然。在巴西、委内瑞拉、俄罗斯等国，奇瑞汽车建设了10个海外工厂，年产能达20万台。其与西班牙EV MOTORS合资工厂共同推出的首款产品EBRO S700的成功投产，标志着奇瑞成为我国首个在欧洲拥有整车生产基地的汽车制造商。这一成就不仅证明了奇瑞汽车国际化战略的成功，也为安徽省其他企业提供了宝贵的海外发展经验。

国际经贸合作联盟的成立，不仅加强了安徽省企业间的海外信息共享、业务合作和风险共担，还推动优势产业在境外的布局进一步扩大，深化了全球产业分工合作。这种"抱团"出海的模式，有助于提升安徽企业的国际形象和海外竞争力，为企业的国际化征程打开了新的篇章。

12.1.3　案例研究：义乌企业组团出海抢单

在经济全球化的浪潮中，义乌企业凭借敏锐的市场洞察力，积极拓展海外市场，而组团出海抢单成为它们的重要战略。

2024年3月，义乌26家优质企业"抱团"参加韩国首尔电子商务博览会，涵盖日用百货、礼品包装、饰品配件、宠物用品等多个行业。

浙江鑫莎服饰有限公司总经理曹珊珊和浙江星宝伞业有限公司董事长张吉英是这次出海团队中的代表人物。为了吸引韩国客户的注意，她们根据当地市场的偏好，设计并生产了一系列产品。曹珊珊带来了10多款丝巾，这些丝巾分为油画系条纹和飘带两大类，每一款都是针对韩国市场的需求精心打造的。而张吉英则推出了一款名为"口袋伞"的小型雨伞，这款产品不仅体积小巧便于携带，还能在接触雨水时变色，增加了趣味性和实用性。

参展前，企业做了充分准备，详细了解签证、交通、布展、参展、考察等注意事项。3月5日，企业代表团从杭州萧山国际机场飞抵韩国仁川国际机场，随后马不停蹄地考察调研韩国南大门市场、东大门市场、明洞商业街、禾谷洞流通市场，深入了解当地市场需求与消费趋势。

3月7日至9日，展会在韩国首尔SETEC会展中心如期举行。该展会由韩国首尔经济振兴院、韩国首尔电商协会主办，设350个标准展位，是韩国最具影响力的电商博览会之一。义乌团组拿到31个展位，并特设义博会海外展区，集中展示义乌商品的魅力。

展会结束后，参展企业的商品可展陈在商城集团与韩国多卖库公司合作设立的义乌好货（韩国）展厅。经营户只须提供样品和商品基本信息，运营方就会借助当地商贸资源，开展特色市场营销，对接客户，实现贸易履约。

商城国际负责人表示，义乌好货（韩国）展厅是义乌品牌出海的重要平台，未来还将搭建"一盘好货"出海供应链平台，拓展日本、马来西亚等海外展厅，助力义乌市场持续繁荣。

义乌企业通过组团参加韩国展会，不仅展示了产品，还加深了与韩国市场的交流合作，为进一步拓展海外市场积累了宝贵经验。

12.2 全球化背景下的开放生态

全球化背景下，出海领域已形成开放生态：链主型企业引领出海潮流。我国企业在海外建设工业园区，复制成功经验以支持当地建设，共筑互利共赢的全球产业链。这也展现了我国企业在全球舞台上的责任与担当。

12.2.1 链主型企业要做出海"领头羊"

链主型企业往往拥有资源优势和强大的整合能力，在"抱团"出海的过程中是当之无愧的"领头羊"，引领着产业链上下游企业在国际市场中破浪前行。

以海尔集团为例，作为全球知名的家电企业，海尔在智能家居领域已经构建起庞大而完善的产业链。在与其他企业"抱团"出海拓展国际市场时，海尔充分发挥链主型企业的引领作用，如图 12-2 所示。

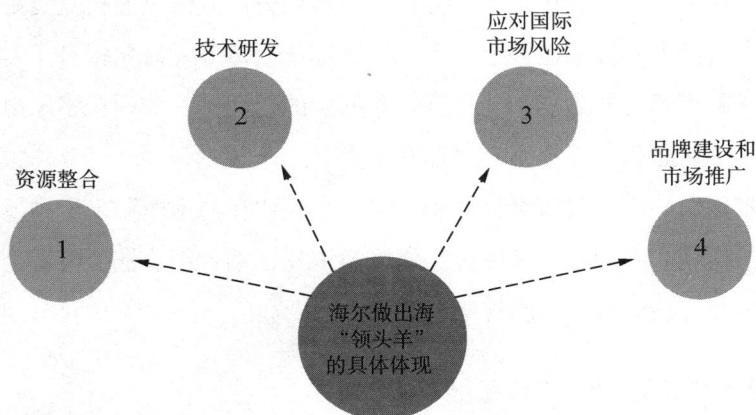

技术研发 2

应对国际
市场风险 3

资源整合 1

品牌建设和
市场推广 4

海尔做出海
"领头羊"
的具体体现

图12-2 海尔做出海"领头羊"的具体体现

（1）在资源整合方面，海尔凭借其在全球的品牌影响力和销售网络，为产业链上下游企业提供了广阔的市场渠道。众多为海尔提供零部件的中小企业，跟随海尔的脚步，将产品销售到世界各地。

例如，一家为海尔生产智能传感器的企业，原本业务局限于国内。在海尔的带领下，借助海尔在欧洲的销售渠道，成功进入欧洲市场，实现了业务的快速增长。

（2）在技术研发方面，海尔作为链主型企业，投入大量资源进行前沿技术研究，并将研发成果与其他企业共享。

在智能家居系统的研发过程中，海尔联合上下游企业共同攻克技术难题，提升整个产业链的技术水平。通过建立开放的研发平台，吸引了众多中小企业参与创新，形成了强大的技术创新合力。这些中小企业在与海尔的合作中，不仅提升了自身的技术实力，还借助海尔的品牌影响力，将创新产品推向国际市场。

（3）在应对国际市场风险方面，海尔凭借丰富的经验，为"抱团"出海的其他企业提供了有效的风险预警和应对策略。当遇到贸易壁垒、汇率波动等风险时，海尔会组织产业链企业共同商讨应对方案。例如，在某国提高家电产品进口关税时，海尔及时调整在该国的生产和销售策略，同时帮助上下游企业优化供应链，降低成本，共同应对关税增加带来的压力。

（4）在品牌建设和市场推广方面，海尔助力产业链企业树立良好的品牌形象。通过举办国际家电展会、参与国际标准制定等，海尔提升了"中国制造"在国际市场的知名度和美誉度。在海尔的带动下，我国众多家电企业在国际市场上崭露头角，提升了国际竞争力。

海尔集团的成功实践充分证明，链主型企业在"抱团"出海中发挥着至关重要的作用。它们以自身的优势资源为依托，整合产业链上下游企业，共同应对国际市场的挑战，实现互利共赢。

12.2.2　在海外建设工业园区

在经济全球化以及"走出去"战略的推动下，我国出海企业在海外建设工业园区成为一大趋势。

例如，江苏永元投资有限公司在埃塞俄比亚奥罗米亚州杜卡姆市投资建设东方工业园，涵盖纺织、轻工制造、机械制造等领域。截至 2024 年 3 月，园区内共有 149 家企业入驻,其中多数为中国企业,如力帆汽车、三圣药业等。

泰中罗勇工业园也是成功典范之一。该园区由华立集团主导投资建设,位于泰国东部经济走廊的核心地带。自启动以来,该园区吸引了我国众多企业入驻,逐渐发展成一个集制造、研发、物流于一体的综合性产业园区。截至 2024 年,已有超过 140 家中资企业入驻园区,涵盖机械制造、电子电器、新材料等多个领域。

多家企业联合建设海外工业园区具有显著的优势。首先,能够实现资源共享与优势互补。不同企业在资金、技术、管理、市场渠道等方面各有所长,通过联合可以整合这些优势资源,提高园区的建设效率和运营水平。

其次,有利于降低成本和风险。建设海外工业园区需要大量的资金投入以及应对各种复杂的情况,单个企业往往难以承受。联合建设可以分摊资金压力,并且在面对文化差异、政策法规变化、政治风险等挑战时,企业之间可以相互协作,共同应对,降低风险。

最后,增强国际竞争力。海外工业园区的建设,有助于我国企业形成产业集群效应,提升整体产业的国际竞争力。在园区内,上下游企业之间的紧密合作能够提高生产效率,降低物流成本,打造更具竞争力的产业链条,从而在国际市场中占据更有利的地位。

然而,联合建设海外工业园区也面临着诸多挑战。文化差异带来的管理难题依然存在,不同国家和地区的员工有着不同的价值观和工作习惯,如何实现有效管理和团队协作是个关键问题。

此外,进行园区的规划和运营要考虑当地的政策法规、市场需求以及环保要求等多方面因素,协调难度较大。而且,国际市场的不确定性以及地缘政治风险,也会对园区的发展产生影响。

面对这些挑战,我国出海企业要不断探索应对策略。加强跨文化交流与培训,培养既懂业务又熟悉当地文化的管理人才,促进企业间的文化融合。在园区规划和运营过程中,深入了解当地情况,制定科学合理的发展规划,确保园区的可持续发展。同时,建立健全风险预警机制,加强与当地政府和国际组织的沟通合作，共同应对各类风险。

12.2.3　发挥中国经验，支持当地建设

随着我国经济持续增长和技术水平提升，"中国制造""中国建造"在全球范围内有口皆碑。我国企业"走出去"不仅能够拓展国际市场，还能将中国的成功经验和先进技术带到世界各地，促进当地经济发展，为当地社会进步作出重要贡献。

以中国港湾工程有限责任公司（CHEC）在肯尼亚建设蒙内铁路为例。肯尼亚作为东非重要国家，经济发展潜力巨大，但交通基础设施薄弱，严重制约其发展。蒙内铁路从肯尼亚的主要港口城市蒙巴萨延伸至首都内罗毕，是肯尼亚实现 2030 年国家发展愿景的"旗舰工程"。

在规划设计阶段，CHEC 综合考虑肯尼亚的地形地貌、气候条件以及未来经济发展需求，采用先进的勘察技术和设计理念，确保铁路线路布局合理，适应肯尼亚的实际情况。例如，针对肯尼亚部分地区地势起伏较大的特点，通过精准的地形测绘和线路规划，巧妙地设计桥梁和隧道，保障铁路平稳运行。

建设过程中，CHEC 展示了强大的工程建设能力和高效的施工管理模式。面对肯尼亚基础设施薄弱、施工材料供应不足等难题，其积极协调资源，运用先进的施工设备和技术，如自动化的桥梁建造技术、高效的隧道掘进技术等，加快施工进度。同时，引入严格的质量管理体系，从原材料采购到施工工艺控制，每一个环节都严格把关，确保工程质量达到国际标准。

在项目运营管理方面，CHEC 不仅帮助肯尼亚建立铁路运营管理体系，还制订详细的员工培训计划，涵盖铁路驾驶、维护、检修、调度等多个领域，通过理论教学和实践操作相结合的方式，提升当地员工的专业技能和职业素养。此外，还注重与当地社区的沟通与合作，积极参与当地公益事业，改善社区基础设施，促进文化交流，增进当地民众对项目的理解和支持。

蒙内铁路的建成通车，给肯尼亚带来了翻天覆地的变化。在经济上，极大地提升了肯尼亚的物流运输效率，降低物流成本，促进贸易往来，吸引更

多外资，为肯尼亚经济增长注入强大动力。在社会层面，创造大量就业岗位，带动相关产业发展，如物流、旅游等。同时，铁路的建设和运营培养出一批本土铁路技术和管理人才，为肯尼亚铁路事业的长远发展奠定了坚实基础。

我国出海企业在海外发挥中国经验，支持当地建设，不仅促进当地发展，也为自身赢得更广阔的发展空间，实现互利共赢。未来，随着我国企业国际竞争力的不断提升，相信会有更多中国经验在海外落地生根，为全球经济发展和国际合作作出更大贡献。

12.3　成功"抱团"经典案例研究

"抱团"作为一种创新的出海模式，能够实现资源整合、风险共担，帮助企业突破国际市场壁垒，实现跨越式发展。本节将探讨几个具有代表性的案例，为其他企业提供宝贵经验和启示。

12.3.1　案例一：李宁携手红杉中国开拓海外市场

2024年10月22日，李宁宣布与红杉中国成立合资公司，旨在加快海外市场的发展步伐。根据公告，这家新成立的合资公司将专注于在中国内地以外地区独家开发及经营李宁品牌业务，涵盖设计、制造、销售、物流、市场营销等各个环节。

合资公司的股本总额为2亿港元，其中李宁间接全资附属公司LN Co出资5800万港元，持股比例为29%；Founder Co（由李宁本人全资拥有）出资5200万港元，持股26%；红杉旗下的HongShan Venture和HongShan Motivation分别出资6272.8万港元和2727.2万港元，占股31.36%和13.64%。这种股权结构确保了李宁对合资公司的主导权，同时也让红杉中国能够凭借其丰富的跨境投资经验和项目运营能力，助力李宁加速在海外市场的布局和发展。

红杉中国凭借其广泛的投资网络和专业的市场分析能力，帮助李宁深入了解不同国家和地区消费者的需求特点。在产品设计上，融入当地文化元素和时尚潮流，使其更贴合海外消费者的审美和使用习惯。例如，在一些欧美国家，针对当地消费者热爱户外运动的特点，推出功能性更强的运动装备。

在销售渠道拓展方面，红杉中国借助其成功的投资案例和丰富经验，为李宁提供有效的渠道拓展策略。李宁与当地经销商、零售商紧密合作，搭建完善的线下销售网络；同时，充分利用电商平台和社交媒体等新兴渠道，扩大品牌在海外的知名度和影响力。

尽管目前李宁的海外业务还面临一些困难，但随着与红杉中国合作的不断深入，双方在资源整合、市场拓展、产品创新等方面的协同效应将逐渐显现。未来，合资公司有望建立起独立强大的经营能力，实现李宁品牌在海外市场的长期稳定发展，甚至寻求上市机会。

12.3.2　案例二：亿昇眼镜带领"设计番"团队顺利出海

全球眼镜市场竞争激烈，我国眼镜行业正不断探索国际化发展之路。其中，亿昇（深圳）眼镜科技有限公司脱颖而出，带领"设计番"团队成功出海，在国际市场上崭露头角，为我国眼镜品牌走向世界提供了宝贵的经验。

在创始人陈锦辉的带领下，亿昇眼镜始终秉持着以研发设计为核心的发展理念。在产品研发上，亿昇眼镜聚焦原创眼镜设计，不断引入新材料、新技术，倡导创意与功能并举。

例如，针对儿童眼镜存在的痛点，如可选择性较低、造型单一、鼻梁不好调节等，亿昇眼镜推出巴洛品牌，研发出的儿童防控智能眼镜不仅在功能结构上突破了行业标准，还在舒适度、调节性以及造型设计上进行了创新。脚套分为专业版与运动版，融合多种优质材料与独家专利调节技术，选用亲肤、抗菌、抗氧化的高级材质，确保了佩戴的舒适与健康，满足了不同场景下儿童的使用需求。

"设计番"团队的诞生，是亿昇眼镜发展历程中的重要里程碑。2018年6月，亿昇联合多家自主眼镜企业的18位核心设计师共同成立了全国首个原创国际眼镜设计师团队——"设计番"。

这些设计师的平均从业年限16年以上，拥有丰富的行业经验。团队采用商业化运作模式，通过集体参与展览、共享研发资源、集中培养新一代设计师、积极交流原创设计理念等多种方式，致力于推动中国眼镜品牌走向国际市场。

为了顺利出海，亿昇眼镜与"设计番"团队采取了一系列有效的策略。一方面，积极参加国内外各类眼镜展览会，展示中国原创眼镜设计的魅力，提升品牌知名度。另一方面，借助跨境电商平台拓展销售渠道，将产品推向全球市场。

经过多年的努力，"设计番"团队从最初的 2 家原创设计师品牌发展到如今的 45 家，在国际市场上的影响力不断扩大。2023 年，团队斩获"2022 广东省第十一届'省长杯'工业设计大赛"产业设计组深圳赛区二等奖及全国赛区优秀奖，这不仅是对团队设计实力的认可，也为中国眼镜品牌在国际舞台上赢得了荣誉。

展望未来，亿昇眼镜与"设计番"团队将继续坚持原创设计，不断创新，提升产品品质与品牌影响力。也期待我国更多的眼镜企业能够借鉴其成功经验，在国际市场上展现自我风采，推动中国眼镜行业的国际化发展。

12.3.3 案例三：汽车零部件和整车企业"抱团"出海

近年来，我国汽车产业以"整车企业为龙头、零部件企业协同"的模式加速全球化布局。这一策略不仅打破了传统单打独斗的出海困境，还通过产业链深度整合，形成了从研发、生产到销售的全链条竞争力。

整车企业的成功出海离不开零部件企业的配套支持。例如，吉利在马来西亚丹戎马林建设的 AHTV（汽车高科技谷）产业园，吸引了常州腾龙、骏成科技等数十家中国零部件企业入驻。其中，常州腾龙投资 2000 万美元建设热管理系统研发中心，骏成科技斥资 3000 万美元设立电子仪表生产基地，形成从核心部件到智能硬件的完整供应链。

另一典型案例是上汽通用五菱。印尼作为东南亚最大的汽车市场之一，长期以来被日本品牌主导。然而，近年来，五菱汽车凭借其显著的性价比优势，在这个竞争激烈的市场中崭露头角。

上汽通用五菱的高性价比，得益于其带领众多汽车零部件企业共同打造的供应链系统。为响应"走出去"战略和"一带一路"倡议，上汽通用五菱创新性地提出共建汽车园区的方案，邀请供应链内重要零部件企业"抱团"出海，涵盖钢材、钣金、后桥等多个领域，首创"印尼模式"。

上汽通用五菱与供应商共建园区并实施一体化管理具有诸多优势。一方面，零部件企业可根据整车生产节奏及时供货，减少运输时间和成本，提高供应链响应效率，降低零部件成本，增强产品竞争力。另一方面，提高了产品本地化率，为印尼创造大量就业机会，带动当地汽车相关产业发展，提升中国制造的形象。

上海延锋汽车内饰系统有限公司便是随五菱"走出去"的供应商之一。在延锋印尼厂区，注塑机、喷涂机器人等设备有序排列，工人们熟练操作着全英文界面的控制系统。延锋印尼总经理表示，五菱在印尼建厂为他们提供了开拓海外市场的良机。

在国内汽车市场渐趋饱和的情况下，"背靠大树"出海对汽车配件供应商至关重要。延锋印尼工厂的运营，不仅增加了企业的国际化经验，培养和储备了国际化人才，还提升了其未来继续拓展海外市场的信心。

上汽通用五菱的"印尼模式"，实现了我国汽车知识产权、品牌、产品、运营及管理模式等全方位输出。这一成功案例表明，汽车零部件和整车企业"抱团"出海是提升我国汽车产业国际竞争力的有效途径。通过资源共享、优势互补，不仅能助力企业在海外市场取得成功，还能推动我国汽车产业在全球产业链中迈向更高端。

12.3.4 案例四：佛山顺德小家电产业集群出海

自 20 世纪 70 年代开始生产风扇等家用电器以来，顺德已经发展出一个集设计、研发、制造于一体的完整产业链集群。经过数十年的发展，顺德已经成为全国乃至全球最大的家电生产基地之一，拥有超过 3000 家相关企业和配套厂商。2024 年，顺德家电产业全年总产值超过 4000 亿元，约占全国家电产业规模的 15%，出口额约占全区总值的 30%，约占全国总值的 10%。

在过去，顺德许多小家电企业主要依靠为国际知名品牌提供 OEM

（Original Equipment Manufacturer，原始设备制造商）服务来拓展海外市场。这种方式虽然能够带来一定的经济效益，但长期来看，不利于企业建立自己的品牌。因此，越来越多的企业开始探索“造船出海”的新模式，即打造自有品牌，直接进入国际市场。

万和电气就是一个典范。自成立以来，万和电气一直致力于燃气热水器的研发和生产，并连续多年保持行业领先地位。为了进一步扩大市场份额，万和电气于2022年启动了“走出去”战略，在埃及和泰国建设生产基地，以此为基础开拓其他国际市场。

新宝股份则是另一个成功转型的案例。作为国内最大的小家电产品OEM/ODM（Original Design Manufacturer），原始设计制造商之一，新宝股份在2022年收购了英国知名小家电品牌摩飞，这标志着公司从单纯的代工模式向自主品牌运营转变。通过这次并购，新宝股份不仅获得了国际市场运营经验，还为后续的品牌国际化奠定了坚实的基础。

除了通过并购等方式快速进入国际市场，顺德的家电企业还注重技术创新和产品研发，以提高产品附加值和市场竞争力。例如，德尔玛通过收购飞利浦水健康业务，整合了上下游资源，构建了完整的供应链体系，从而提高了整体管理效率和毛利率水平。

每年举办的中国进出口商品交易会（简称广交会），是顺德家电企业展示自身实力、寻找合作伙伴的重要平台。通过参加广交会，顺德的企业不仅可以接触到世界各地的采购商，还能及时掌握最新的市场需求和技术趋势。

尽管顺德家电产业集群已经在国际市场上取得了一定的成绩，但要实现真正的全球化经营，还要克服诸多挑战。一方面，随着全球经济环境的变化，国际贸易摩擦频发，顺德的企业要更加灵活地调整策略，增强自身的抗风险能力。另一方面，持续的技术创新和品牌建设仍然是顺德家电企业必须坚持的方向。

总之，广东顺德小家电企业凭借其雄厚的实力和不断创新的精神，在出海道路上迈出了坚实的步伐。在未来，随着更多企业加入集群和共同努力，顺德家电必将在全球舞台上绽放更加耀眼的光芒。

第13章

海外合作伙伴：
为企业出海保驾护航

　　在企业出海的征程中，海外合作伙伴是重要助力。海外合作伙伴有四大类型，他们可助力我国企业快速融入当地市场，如长安汽车借大华银行开拓东南亚市场、小米依靠当地服务商打开印度市场。打通海外关系，须广交朋友、精准公关，还要不断提升自身的硬实力。此外，在选择海外合作伙伴时，企业要全面考察，如字节跳动对 Musical.ly 进行全面评估，并确保目标和价值观一致。

13.1 海外合作伙伴有哪些

出海企业在海外的合作伙伴不仅限于业务层面，还包括海外当地政府 /
社区、企业家 / 创业者协会、华商组织与华资银行、第三方服务商。这些合
作伙伴在企业的国际化进程中扮演着不可或缺的角色，可以为企业提供必要
的支持和帮助。

13.1.1　当地政府/社区

跨国经营并非易事，企业要面对复杂的国际环境、文化差异、政策壁垒
等多重挑战。在这个过程中，当地政府和社区的作用尤为关键，它们是我国
企业在海外顺利经营不可或缺的合作伙伴。

当地政府在我国企业海外拓展中发挥着桥梁和纽带的作用。一方面，政
府通过制定和执行相关政策，为企业提供一个公平、透明的营商环境。例如，
税收优惠、土地供应、劳动力政策等，都直接影响企业的运营成本和竞争力。
另一方面，政府还承担着协调各方利益、解决纠纷的职责，确保企业能够顺
利融入当地社会，避免因文化差异或利益冲突而产生不必要的麻烦。

社区也是我国企业海外拓展不可忽视的力量。社区作为当地社会的基本
单元，不仅承载着文化传承、社会交往等多重功能，还是企业了解当地市
场、融入当地文化的重要窗口。通过与社区建立良好的互动关系，企业可以
更好地把握当地消费者的需求和偏好，进而调整产品策略和市场定位。此
外，积极参与社区建设，履行社会责任，也是提升企业品牌形象、增强当地
社会认同感的有效途径。

在实际操作中，我国企业已经探索出一些成功的合作模式。例如，与当
地政府合作共建产业园区，既能够享受政府的政策支持和基础设施保障，又
能够与当地企业形成产业集群效应，共同提升区域竞争力；与社区合作开展

公益活动，如教育支持、环境保护等，赢得当地居民的广泛认可和好评。

要想实现真正的共赢，我国企业要关注如何平衡自身利益与当地社会发展之间的关系。这意味着在追求经济效益的同时，也要考虑环境保护、文化遗产保护等方面的问题。只有这样，才能构建起可持续发展的海外业务模式。

13.1.2　企业家/创业者协会

企业家/创业者协会往往集结了各行各业的优秀企业家及创业者，成员不仅拥有深厚的商业运营经验和实战技巧，还建立了广泛的人脉网络。对于那些渴望在海外拓展业务并寻求合作机会的企业来说，进入企业家/创业者协会或者与其建立合作关系能够获得显著的优势。

这些协会与当地政府部门、金融机构等保持着紧密的合作关系，为企业搭建起与政府、金融机构沟通的桥梁。通过协会，企业能够更有效地与政府沟通，及时了解并争取相关的政策扶持和优惠措施。同时，在企业寻求资金支持时，协会能够精准对接合适的投资机构或银行，协助企业解决资金难题。

企业家/创业者协会还致力于为企业提供全方位的培训和指导服务，涵盖海外市场法律法规培训、文化差异解读、商务礼仪等方面，帮助企业员工更好地适应海外工作环境，避免因文化差异和法律误解而引发业务风险。这使得企业能够在海外市场上更加从容地应对各种挑战，实现稳健发展。

例如，2023年7月，在中国（汕头）—印度尼西亚经贸合作交流会上，汕头市澄海区玩具协会与印尼玩具协会签署了价值25亿元的出口采购意向协议。这标志着两地协会通过优势资源互补，将汕头市独特的玩具产业推向更广阔的海外市场，特别是东南亚市场。

印尼玩具协会会长在签署仪式上表示，协会与汕头企业家在玩具贸易领域的合作已有20余年的历史，印尼玩具业的发展离不开澄海的支持。此次合作，旨在进一步扩大贸易规模，实现超过25亿元的交易额。

汕头市澄海区玩具协会副会长表示，在东南亚市场，印尼是汕头玩具产业最为重要的市场之一。他对印尼市场充满信心，并期待未来能够取得更加丰硕的合作成果。

在选择合作的企业家/创业者协会时，企业应持审慎的态度，关注以下关键因素，如图13-1所示。

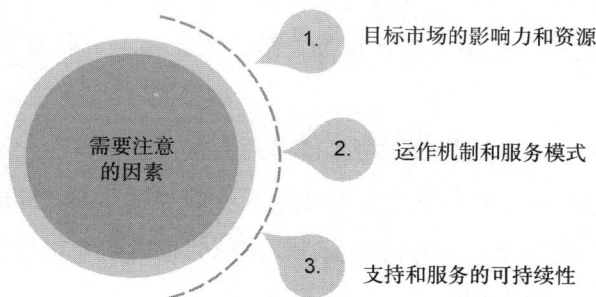

图13-1　选择企业家/创业者协会时需要注意的因素

1. 目标市场的影响力和资源

企业须考察企业家/创业者协会在目标市场的知名度和声誉。对此，企业要评估企业家/创业者协会拥有的政商关系、行业资源和合作伙伴网络，并了解企业家/创业者协会对当地市场规则和趋势的了解程度，以评估其能否为自己提供准确的市场洞察和战略指导。

2. 运作机制和服务模式

企业要研究企业家/创业者协会的组织架构和决策流程，并分析其提供服务的方式与频率，确认其能否根据自身需求提供定制化服务。

3. 支持和服务的可持续性

企业还要评估企业家/创业者协会的财务状况、了解其资金来源，以确保其能长期稳定运行。此外，企业还要考察企业家/创业者协会提供的支持与服务的连续性和稳定性，以评估与其长期合作的可靠性。

企业以审慎的态度选择企业家/创业者协会并充分利用其所具备的优势，更容易在海外市场立足，挖掘更多发展机会，实现长期稳定发展。

13.1.3　华商组织与华资银行

在充满变数的海外市场中，出海企业可以借助华商组织和华资银行的力量，开拓更为广阔的发展空间。

华商组织在海外拥有深厚的人脉资源和丰富的商业网络。这些组织往往由当地颇具影响力的华人企业家组成，他们在所在国家或地区深耕多年，对当地的政策法规、商业环境以及社会文化有着深入了解。出海企业与华商组织合作，能够迅速融入当地市场，减少文化差异和信息不对称带来的阻碍。

例如，在湘企出海进程中，境外湖南商会发挥了关键作用。沙特阿拉伯湖南商会会长汤滔凭借在中东地区深耕十几年的经验，为计划进入沙特生活垃圾处理市场的湖南某环境科技企业提供建议，助力企业提前了解当地政策法规与风土人情，少走弯路。

菲律宾湖南商会推动湖南岳阳平江县 3 家食品企业成功进入菲律宾市场，并助力雪天盐通过菲律宾卫生部的检测，为湖南食品企业开拓菲律宾市场开辟了一条可行之路。

我国企业在海外运营会涉及资金的跨境流动、融资贷款、风险管理等，华资银行则在这些方面具备独特优势。华资银行熟悉国内金融体系和出海企业的运营模式，同时又在海外设有分支机构，能够提供符合当地法规的金融服务。

长安汽车在进入东南亚市场时，与大华银行展开了深度合作。自从长安汽车发布海外战略"海纳百川"计划，大华银行积极介入，凭借自身在东南亚广泛的本地资源、丰富的产业经验和网络优势，助力长安汽车了解东南亚市场动态。

双方签订合作备忘录后，大华银行为长安汽车泰国项目提供融资、账户开设、人民币结汇、税务直付渠道开通、员工工资账户开设及工资发放等全方位支持。如今，长安汽车已在泰国罗勇府启动了新能源汽车生产基地的建设工作，这标志着其在东盟市场的战略布局迈出了重要一步。

对于我国出海企业而言，华商组织和华资银行是宝贵的合作伙伴。它们在人脉、商业网络、金融服务等方面的优势，能够帮助出海企业突破海外市场的诸多障碍，在海外市场创造更多的商业价值。

13.1.4　第三方服务商

海外第三方服务商能够成为出海企业进入当地市场的得力助手。具体而言，海外第三方服务商长期扎根当地，对本地政策法规、市场动态、消费习惯等了如指掌，能帮助出海企业快速适应复杂的海外环境，避免因文化差异和信息不对称而产生各种问题，节省大量的时间和成本。此外，通过与第三方服务商合作，企业可以将更多精力集中在核心业务上，如产品研发和市场推广，而非分散在非核心事务上。

在拓展海外市场的过程中，小米借助海外当地第三方物流服务商、电商平台、运营商等成功打开市场。

在印度市场，面对印度物流基础设施建设滞后、物流配送效率低的问题，小米与当地自动包裹递送终端公司Smartbox合作。Smartbox熟悉印度复杂的物流环境，通过其先进的包裹递送终端技术，有效提升了小米产品的配送效率，为小米在印度市场的销售提供了有力保障。

在营销推广上，小米与印度电商巨头Flipkart合作。Flipkart拥有庞大的用户基础和成熟的营销渠道，小米借助Flipkart的平台优势，开展多样化的营销活动。同时，小米还将国内行之有效的饥饿营销模式引入印度，在Flipkart平台上设定特定抢购时间，极大地激发了印度消费者的购买热情，小米手机常常在几秒内就售罄。

不同市场有着截然不同的消费习惯。在欧洲市场，消费者长期以来习惯在当地运营商处购买合约机，线上裸机销售占比较低。这一习惯成为小米打开欧洲市场的阻碍。

为突破困境，小米与长江和记合作，组建全球策略联盟。通过合作，小米成功与众多欧洲运营商建立联系，解决了合约机销售渠道问题，实现了在欧洲市场的快速覆盖。

在印度尼西亚市场，小米积极与全球众多运营商合作，如沃达丰、Telefonica、Orange等。基于此，小米拓展了销售渠道，降低了运营成本，得以持续践行高性价比的销售策略，在印度尼西亚市场站稳脚跟。

在选择第三方服务商时，企业要考虑以下几个因素，如图 13-2 所示。

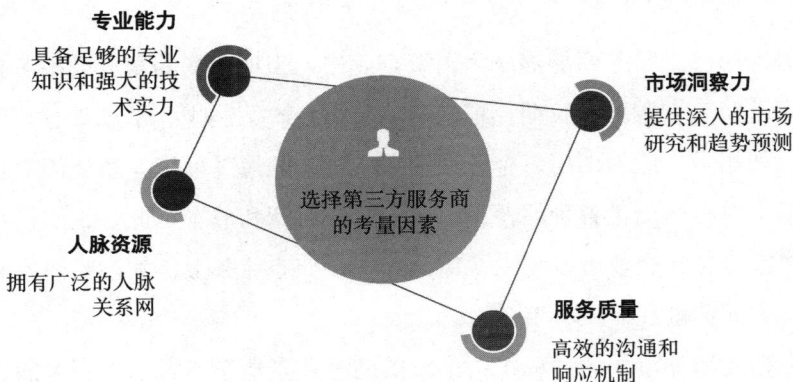

图13-2　选择第三方服务商的考量因素

对于出海企业来说，海外第三方服务商是宝贵的资源。出海企业应充分利用其专业优势，积极寻求合作，实现互利共赢，从而在海外市场站稳脚跟，迈向新的全球化发展阶段。

13.2　如何打通海外关系

在出海的征程中，打通海外关系是企业扬帆远航的关键。广交朋友，积累海外人脉，能拓展合作机遇；学会与海外媒体打交道，可营造良好舆论环境；而"打铁还需自身硬"，则是赢得认可的根本。三者相辅相成，助力企业扎根海外。

13.2.1　广交朋友，积累海外人脉

广交朋友，积累海外人脉，成为我国企业在海外站稳脚跟、实现持续发展的关键。那么，我国出海企业应如何有效地积累海外人脉呢？如图 13-3 所示。

1. 积极参与国内外行业展会

在国内，数贸会的丝路电商展、广交会等展会汇聚了全球知名电商平台和专业服务商。出海企业能与亚马逊、阿里国际等平台深入交流，了解招商政策，还能与服务商对接，学习实操技能，拓展同行业资源。

积极参与国内外行业展会

如何积累
海外人脉

充分利用社交平台

参加当地商业活动
和行业协会

举办或参与公益活动

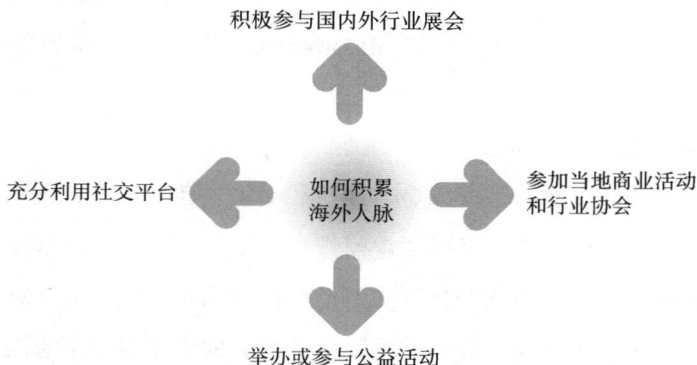

图13-3　出海企业积累海外人脉的方法

例如，浙江互贸集团提供边境互市贸易全链路服务，已助力 26 个国家和 14 个口岸成功对接国内市场。与之合作的企业可依据订单数据开展产业集群与产销对接，积累海外人脉，打造具有特色的跨境品牌。

在国外，参加当地知名展会，能让企业直接接触目标市场的潜在客户、供应商和合作伙伴。例如，德国汉诺威工业博览会是全球性工业盛会，吸引了世界各地众多企业参展。我国一家智能制造企业参展后，与欧洲多家企业建立联系，获取了先进技术合作机会和大额订单，打开了欧洲市场。

2. 充分利用社交平台

领英作为全球知名职场社交平台，拥有庞大的商业人脉资源。出海企业可在领英上创建账号和主页，展示自身实力与产品优势，吸引潜在客户关注。员工个人也可以在这个平台上积极打造职业形象，分享行业见解，与海外同行互动交流。

字节跳动旗下的 TikTok 在海外迅速崛起，许多出海企业借助 TikTok 的社交属性，通过创意短视频展示产品，吸引海外粉丝关注，与粉丝互动。其中部分粉丝成为企业的潜在客户或合作伙伴，拓展了人脉资源。

3. 参加当地商业活动和行业协会

在海外市场，积极参与当地商会组织的活动，能结识当地商界精英和政府官员。而加入行业协会，企业有机会参与行业标准制定讨论，提升品牌知名度。

例如，华为在欧洲市场积极参与当地通信行业协会活动，与同行交流合作，增进了与当地企业和政府的友谊，为其在欧洲的业务拓展奠定了良好基础。

4. 举办或参与公益活动

出海企业还可以通过举办或参与公益活动树立良好形象，吸引志同道合的伙伴。例如，在巴西南里奥格朗德州遭受严重洪灾时，中国远洋海运集团有限公司积极组织员工捐款捐物，向南里奥格朗德州提供赈灾和灾后重建支持。这一行动为公司树立了良好的国际形象，有助于吸引更多志同道合的合作伙伴。

我国出海企业积累海外人脉的方法多种多样。企业应根据自身特点和目标市场，灵活运用这些策略，主动出击，广交朋友，形成自己的人脉关系网，实现全球化发展的宏伟目标。

13.2.2　学会与海外媒体打交道

由于国内外媒体生态存在巨大差异，我国许多企业在尝试与海外媒体建立联系时遇到了重重困难。本节将探讨我国出海企业与海外媒体打交道时应注意的几个关键点。

首先，企业必须正视与外媒沟通的挑战。在海外，媒体主要依靠内容付费订阅或广告收入维持运营，因此对内容的质量和读者的兴趣有更高的要求。这意味着企业不能简单地将媒体视为品牌宣传工具，而应致力于创造有价值、引人入胜的内容。

其次，不要急于求成，"关系"不是硬道理。"关系"在国内公关中可能是一个有效的手段，但在海外市场，品牌的传播需要时间积累。初创企业尤其要注意这一点，不应一开始就瞄准《华尔街日报》或《纽约时报》这样的头部媒体，而应该先从小型专业媒体入手，逐步建立起自己的信誉和影响力。

最后，形式并不重要，真正有效的是沟通本身。在与海外媒体沟通时，企业应提供有价值的信息，而不是单纯追求形式感。沟通时要换位思考，关注对方的需求，确保所提供的信息既准确又易于理解。此外，注意书写和语法，避免因不专业的表达损害品牌形象。

在出海过程中，某药企就曾因舆论问题陷入困境。该企业致力于将旗下中药产品推向海外市场，在拓展欧美市场时，当地一些媒体对中药成分和安全性质疑，称部分中药成分不明，可能存在潜在副作用。

面对这些质疑，该企业未及时与媒体沟通，也未通过有效渠道科普中药知识。结果，负面舆论在当地迅速扩散，许多消费者对其产品产生担忧，导致产品销售受阻，市场推广计划也受到严重影响。

与海外媒体打交道是一项需要精耕细作的工作。出海企业掌握正确的沟通方式，不仅能赢得媒体主动关注和报道，在出现危机时也能有效应对，营造良好的舆论环境。

13.2.3 关系核心：打铁还需自身硬

我国企业要想成功打通海外关系，在国际舞台站稳脚跟，核心在于"打铁还需自身硬"。也就是说，只有企业自身具备强大实力，才能赢得海外合作伙伴、客户以及市场的认可与信赖。

（1）过硬的产品质量是基础。优质的产品不仅能满足海外消费者的需求，还有助于企业树立良好的品牌形象。

以浙江的一家小型家纺企业为例。在开拓澳大利亚市场时，其通过深入调研了解到当地消费者喜爱简约、自然风格，且对家纺产品的材质和环保性要求较高。因此，该企业选用高品质的天然纤维材料，设计出一系列简约大气的家纺产品。通过严格的质量把控，从原材料采购到生产加工的每一个环节都精益求精，产品凭借柔软的触感、精美的工艺和环保的特性，在澳大利亚市场收获了众多消费者的喜爱。

（2）持续的技术创新能力是企业在海外市场保持竞争力的关键。在科技日新月异的今天，企业只有不断创新，才能在国际竞争中脱颖而出。

深圳的一家小型科技企业专注于智能家居设备研发。该企业持续投入研发资金，成功攻克了智能家居设备之间的高效互联互通技术难题。其研发的智能家居系统，能够实现智能灯光、智能家电、安防系统等设备的无缝连接和协同工作。凭借技术优势，该企业吸引了海外多家智能家居代理商和经销商的关注，与它们达成合作协议，成功进军欧美等海外市场，在国际智能家居领域崭露头角。

（3）优秀的管理和运营能力也不可或缺。高效的管理能确保企业在海外市场灵活应对各种挑战，合理配置资源，提升运营效率。

厦门一家小型跨境电商企业通过优化供应链管理，与国内外众多优质供应商建立长期稳定的合作关系，确保产品稳定供应和质量上乘。同时，其通过大数据分析，精准把握海外市场需求，合理安排采购和库存，降低了库存成本。此外，其建立了专业的多语言客服团队，24小时在线服务，及时解决海外客户的咨询和售后问题，提升了客户满意度。

我国企业要打通海外关系，必须从产品质量、技术创新、企业管理等多方面提升自身实力。只有自身足够强大，才能在海外市场的浪潮中乘风破浪，建立起广泛且稳固的海外关系。

13.2.4　案例研究：雅茶集团与KL Communications共拓英国市场

雅茶集团作为我国茶叶行业的佼佼者，也紧跟出海潮流，积极拓展海外市场。2024年5月，雅茶集团与英国知名公关传播公司KL Communications签署合作协议，这标志着双方共同致力于开拓英国市场，实现共赢发展。

雅茶集团一直以来专注于茶叶的种植、生产和销售，拥有丰富的茶叶品种和精湛的制茶工艺。凭借其在研发、生产和销售方面的不断努力，雅茶不仅在国内市场上建立了稳固的地位，还逐步扩大了国际影响力。

此次与KL Communications的合作，是雅茶迈向全球化的重要一步。KL Communications拥有丰富的市场经验和广泛的网络资源，能够为雅茶提供市场营销、品牌推广和渠道建设等全方位支持。

签约仪式上，雅茶集团的相关负责人表示，此次合作不仅是对雅茶产品质量的认可，还是对雅茶集团未来发展战略的信任和支持。雅茶集团已经在国内多个主要城市设立了销售中心，并成功进入了西藏、上海等地区市场。如今，随着与KL Communications开展合作，雅茶集团计划进一步提升产品的国际市场竞争力，尤其是在英国这样一个有着深厚饮茶文化的国家。

英国作为世界上最大的茶叶消费国之一，每年的人均茶叶消费量超过 2 千克，80% 的英国人每天都饮茶。尽管市场需求巨大，我国茶叶在过去几十年间并未能充分占据这一市场。面对印度和斯里兰卡的竞争，我国茶叶的市场份额逐渐缩小。因此，对于雅茶来说，进入英国市场既是一个巨大的机遇，也是一个严峻的挑战。

为了确保此次合作成功，雅茶集团与 KL Communications 进行了多次深入交流。2023 年 11 月，KL Communications 创始人林超伦前往雅安考察，详细了解了雅茶集团的发展现状、品牌规划及愿景。经过半年多的筹备和商讨，双方最终达成了共识，决定携手前进，共同迎接未来的挑战。

此外，雅茶集团计划以此次合作为契机，进一步策划组织更多茶企出海活动，推动整个四川乃至全国的茶叶走向世界。这不仅有助于提升雅茶品牌的知名度，还将促进中英两国之间的文化交流，增进两国人民的相互理解和友谊。

雅茶集团与 KL Communications 的合作开启了我国茶叶品牌国际化的新篇章，也为我国茶文化在英国的传播和推广作出了积极贡献。

13.3　选择海外合作伙伴要谨慎

在选择海外合作伙伴时，全面考察对方的情况是基础。确保双方目标和价值观一致，能够促进更深层次的合作。同时，明确权责界限，细致规划合作模式以规避潜在风险，是保障合作关系长久稳定的关键。

13.3.1　全面考察对方的情况

出海过程中机遇与挑战并存，选择合适的海外合作伙伴成为影响出海成败的关键因素之一。出海企业必须全面考察合作伙伴的所有情况，以确保合作顺利进行，在海外市场实现长远发展。

了解潜在合作伙伴的基本情况至关重要。这包括但不限于公司成立时间、存续状态、股东结构以及董事成员等基本信息，以评估其合法性和稳定性。

财务健康度也是一个不可忽视的因素。健康的财务状况意味着合作伙伴有能力承担项目中的风险，还能保证资金链的持续稳定。在与合作伙伴签订合同之前，出海企业应对其进行详尽的财务审计，了解其债务水平、盈利能力和现金流情况。

商业信誉是考察海外合作伙伴的重要维度。通过查询商业信用记录、了解其过往合作中的口碑以及是否存在法律纠纷等，能有效判断对方信誉。我国某企业与海外一家公司合作，前期未对其信誉深入调查，合作中该公司频繁拖欠款项，导致中方企业资金周转困难，业务受阻，遭受很大损失。

实力和资源同样不可忽视。合作伙伴的资金实力、技术水平、市场渠道、人脉资源等，须与出海企业的需求匹配。如果合作伙伴在当地拥有广泛的销售网络和良好的政府关系，便能助力产品快速进入市场，打开局面。

文化契合度在跨国合作中起着关键作用。出海企业应了解合作伙伴的管理理念和风格、团队文化与工作氛围以及沟通与冲突解决机制，以评估其与自身的文化契合度。只有合作双方在价值观、工作态度和沟通方式上达成共识，才能保证合作顺畅进行。

法律合规性是保障合作合法有序的重要前提。出海企业应核实合作伙伴是否严格遵守国际商业法、贸易法规、知识产权保护等国际标准以及本地的劳动法、税务法、环保法等，确保合作活动符合法律法规要求。

以字节跳动和 Musical.ly 的合作为例。字节跳动在短视频领域技术实力强劲，有着丰富的内容运营和推广经验；Musical.ly 则凭借独特的音乐短视频模式在欧美年轻用户群体中拥有广泛影响力。在合作前，字节跳动对Musical.ly 的用户基础、市场影响力、团队创新能力等进行全面考察，确认双方在业务方向、发展理念上高度契合，才达成合作。二者优势互补，共同打造出全球流行的短视频平台 TikTok，取得巨大成功。

13.3.2　目标和价值观应该是一致的

合作双方目标和价值观的一致性是合作成功的关键内核，深刻影响着合作的深度、广度与持久度。

目标一致为合作提供清晰的方向指引。出海企业与海外伙伴在业务拓展、市场份额扩大、产品研发等方面若能达成共识，便能心往一处想，劲儿往一处使。当共同设定了在某一特定市场的销售额增长目标时，双方就会围绕这一目标制定营销策略、优化产品服务，为实现共同愿景而协同努力。

价值观一致则是合作的坚实黏合剂。秉持相同的商业道德、社会责任、创新理念等价值观，能让双方在合作中相互理解、相互支持。例如，合作双方都重视产品质量，就会共同把控生产环节；都强调环境保护，就会共同采取绿色环保举措。

广东一家小型环保材料企业与荷兰的一家建筑材料公司合作，双方目标一致，都致力于推广环保建筑材料，减少建筑行业对环境的负面影响。在价值观方面，都秉持可持续发展理念，注重研发投入和产品创新。

我国企业投入大量资金研发新型环保材料，荷兰公司则助力产品在欧洲市场的认证和推广。合作过程中，面对欧洲严格的环保标准和市场竞争，它们共同应对，最终我国企业的产品成功进入欧洲多个国家的建筑市场，为当地的绿色建筑发展贡献力量，也实现了自身的成长与盈利。

13.3.3　明确权责，规避潜在风险

在合作过程中，明确双方的权利和责任至关重要，这是规避潜在风险、确保合作顺畅进行的关键所在。

明确权责能够有效防范法律风险。国际商业环境复杂，各国法律规定千差万别。如果未清晰界定权责，一旦出现纠纷，很可能陷入法律困境。在合同中明确产品质量标准、交付时间、违约责任等关键条款，能在法律层面保障双方权益，避免因理解差异引发法律诉讼。

此外，在资金投入、收益分配、成本分担等方面，双方须达成清晰共识。约定好投资金额、股权比例以及利润分配方式，可防止因财务问题产生分歧，影响合作的稳定性。

运营风险同样不容忽视。明确双方在生产、销售、售后服务等运营环节

的职责，能保障业务流程高效运转。确定产品研发、生产、销售渠道管理等工作由哪方主导，可避免出现职责不清导致的运营混乱。

以我国某电子制造企业与韩国零部件供应商的合作为例。合作初期，双方未在合同中明确零部件的质量验收标准和供应时间。在产品生产过程中，韩国供应商提供的零部件多次出现质量问题，且交货延迟，导致我国企业生产进度受阻，遭受重大经济损失。由于权责界定模糊，双方就责任归属和赔偿问题产生分歧，最终对簿公堂，不仅耗费大量时间和精力，还损害了双方的商业信誉。

为了避免类似风险，我国出海企业在与海外合作伙伴合作时，应做到以下几点：一是深入了解合作方的文化背景、法律体系，使权责划分符合实际情况；二是聘请专业律师或法律顾问参与合作谈判和协议制定，确保协议内容合法、有效且具有可操作性；三是在合作过程中保持密切沟通，及时解决可能出现的问题，确保合作顺利进行。

第14章

资本对接与管理：
出海必须有资本

"巧妇难为无米之炊。"资本是企业出海的关键要素，直接关系到出海成败。本章揭示海外并购与资本管理的底层逻辑，通过慕思股份收购东南亚家居品牌等案例剖析资本的真相。在资本类型的选择上须精准匹配战略需求，通过对比美元基金、人民币基金及其他国际资本，展现资本选择的策略差异。在融资与上市方面，通过小鹏汽车、斗禾科技等案例，拆解企业在海外进行融资规划的路径。本章为企业提供资本战略的系统指南，助其在资本博弈中精准布局，实现全球化跃迁。

14.1 关于资本的真相

在全球经济深度融合的当下，出海已成为主流投资方向。海外并购作为一种有效的出海方案，蕴含着无限机遇。但要想真正在海外市场站稳脚跟，确保跨境资金安全合规流动，建立独立的资本管理体系是关键。

14.1.1 出海成为主流投资方向

在投资领域，风向转变往往预示着新的机遇。一位知名投资人透露，自2023年起，其所在投资机构将"跨境电商"列为重点投资赛道，对这一领域的未来发展前景十分看好。

从数据上来看，2023年跨境电商出口在外贸出口中占比为7%。并且，截至2023年底，我国跨境电商领域已有10多家上市公司，还有几十家企业在排队等待上市。此外，随着部分上市公司将海外业务拆分独立上市，比如海底捞旗下的特海国际，这一数字还将进一步增加。目前已上市的跨境电商企业，如致欧科技、安克创新、赛维时代等，凭借良好的业绩表现，为整个行业注入了强大的信心。

值得注意的是，跨境电商仅仅是出海业态的一部分，在更为广阔的出海领域，如下面所列的企业/行业，潜藏着更多的投资机会，具有较强出海潜力。

（1）受益于消费市场变革的消费类企业，特别是那些具备高性价比产品优势或聚焦全球化品牌建设的企业。

（2）受益于区域再布局或新产业趋势的传统产业，如工程制造、基础材料和化工品等。

（3）新兴产业，如新能源汽车、机器人等。

（4）产业链龙头企业，如汽车零部件、电子产业链等。

（5）商业模式出海，如SaaS服务、共享经济平台等。

2024 年，众多投资机构已将企业的出海能力及潜力列为投资的重要考量因素。出海已然成为主流投资方向，行业内颇具影响力的投资机构纷纷在此重点布局，全力抢占这片充满潜力的投资高地。

14.1.2　海外并购是一个不错的方案

在经济全球化进程中，海外并购逐渐成为我国企业出海的重要路径。根据安永发布的报告，2020—2024 年，我国企业宣布的海外并购数量如图 14-1 所示。

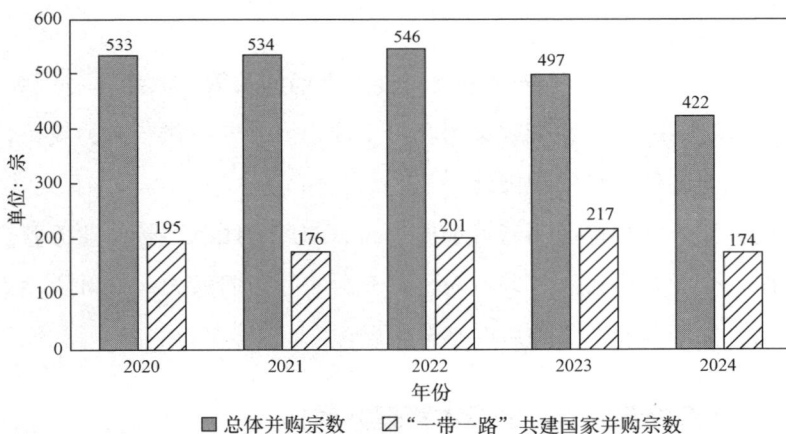

图14-1　2020—2024年我国企业宣布的海外并购宗数

而 Wind 统计数据显示，2024 年累计有 44 家 A 股上市公司披露了海外并购事宜，涉及先进制造、信息技术等多个关键领域。仅 2024 年第四季度，就有 17 家公司披露海外并购计划，显示出我国企业海外并购的热情被点燃。

我们先来看两个具体的案例。2024 年 12 月，慕思股份宣布计划通过其全资子公司慕思国际控股和香港慕思，以 4600 万新加坡元的价格收购新加坡企业 MIPL 的全部股权以及印尼公司 PTTC 的特定资产。MIPL 是新加坡知名家居用品销售商，旗下拥有多个自有品牌，而 PTTC 为其提供生产服务。这次并购将帮助慕思股份迅速进入东南亚市场，并获取成熟的供应链体系。

同月，华新水泥宣布计划以约 8.38 亿美元的价格购买尼日利亚上市公司

Lafarge Africa Plc 的控股权，以拓展西非水泥市场，进一步扩大经营规模。Lafarge Africa Plc 拥有 4 家大型水泥工厂和 6 家混凝土工厂，业务遍及尼日利亚全国，生产能力强大。

为什么越来越多的企业选择海外并购作为其国际化策略？

（1）通过并购可以快速进入目标市场，直接获得较为成熟的销售渠道和客户资源。

（2）并购还能够帮助企业迅速掌握先进的技术和管理经验。

（3）海外并购可以为企业带来显著的协同效应。比如，整合双方的供应链系统可以降低成本、提高效率；利用被并购企业的品牌影响力和市场地位，可以增强自身的市场竞争力。

在政策层面，2024 年被视为我国资本市场的政策"大年"。从新"国九条"到"并购六条"，一系列政策为我国企业出海并购提供了有力支持，进一步激发了企业海外并购的积极性。

然而，海外并购也面临着资金要求高、与原有团队融合及业务整合难度大等难题。企业在进行海外并购时，要充分考量自身实力，做好资金筹备和风险评估，并积极应对并购后的整合难题。

14.1.3　在海外建立独立的资本管理体系

如何有效管理海外资本，确保资本安全、高效流动，成为出海企业面临的一大挑战。对此，出海企业可以建立独立的海外资本管理体系，为国际化运营提供坚实的财务保障。

作为全球清洁低碳能源、环境保护等领域的领军企业，中国电建的业务遍布 130 多个国家和地区。面对庞大的业务网络，公司需要一套能够适应不同国家法规要求和市场条件的资本管理体系。为此，中国电建选择新加坡作为其海外财资中心，旨在利用该地成熟的金融市场和友好的商业环境来支持其国际业务的发展。

为了实现对境外金融资源的有效管理和控制，中国电建联合智享云公司及财务公司共同推进海外财资中心系统开发工作。该系统集成了 16 个关键功能模块，如资金管理、存款管理等，还与集团内部的司库系统保持一致的标准体系和数据结构。这种集成化的解决方案使得中国电建能够实时监控和分析全球范围内的资金流动情况，确保每一笔资金都能被"看得见、管得住、调得动、用得好"。

针对不同国家和地区的特点，中国电建采取了灵活的资金集中策略。对于没有外汇管制的地区，公司建立了全球资金池，实现了自由外汇资金的统一归集；而对于那些有严格外汇管制的国家，则采用账户可视化、利率优化等手段来进行"虚拟集中"，从而有效降低了资金贬值的风险。此外，中国电建还特别关注区域性的资金需求，在中东等地设立了专门的区域资金池，以满足当地业务的资金需求。

中国电建还致力于打造高度覆盖、全方位的海外资金可视化平台。通过与多家境外银行建立银企直连关系，并采用 SWIFT 报文接收技术，中国电建能够实时查看 590 个全球账户的收支余信息。这极大地提高了公司对境外资金的整体掌控能力，也为后续的资金调度提供了坚实的基础。

除了日常的资金管理和监控，中国电建的新加坡财资中心还承担着融资的重任。凭借其广泛的授信渠道和强大的议价能力，该中心在2024年累计放款超过 100 亿元，显著提升了公司的资金使用效率。特别是通过本外币一体化资金池的应用，中国电建有效地解决了成员企业在境内外之间的资金调配问题，降低了整体融资成本。

综上，中国电建通过设立新加坡财资中心，成功搭建了一个智能化、多层次的境外资金管理体系，为其他寻求海外发展的中国企业提供了宝贵的经验借鉴。

14.2 出海的主要资本类型

在全球化的背景下，企业出海时面临多种资本选择，其中美元基金和人民币基金是最为常见的两种类型。美元基金通常提供更为灵活的国际投资机制，并且擅长构建复杂的离岸架构。而人民币基金则依托本土产业优势和政策协同，为出海企业构建起"根据地式"扩张保障。其他国际资本则为我国企业国际化提供了多样化的资金来源和支持。理解这些资本的特性，对于制定科学的出海策略至关重要。

14.2.1 美元基金

美元基金作为我国企业出海的重要资本推手，曾一度引领海外投资的风向标。然而，自 2021 年起，受美元加息、行业周期波动及退出路径受阻等多重因素影响，众多美元基金，如哈佛大学捐赠基金、佛罗里达州养老基金等开始撤离我国市场，特别是在一级市场和风险投资领域，这一趋势尤为明显。此外，红杉中国、纪源资本等投资机构也宣布将中国地区业务独立出来，这无疑给市场带来了一定的震动。

尽管如此，仍有部分美元基金坚守我国市场，并继续寻找有潜力的出海企业进行投资。例如，2023 年 1 月，智能割草机制造商来飞智能完成了种子轮和天使轮融资，总金额超过 800 万美元，投资方有 IMO Ventures、XVC Fund 等；5 月，消费级外骨骼企业极壳完成数百万美元 Pre-A 轮融资，由德迅投资领投；8 月，消费电子品牌 Oladance 完成数千万美元天使轮融资，蓝驰创投、黑蚁资本领投。

这些获得美元基金青睐的企业拥有一些共同特点：产品具有创新性，市场潜力巨大；契合欧美消费者的偏好，市场定位精准；已在众筹平台上进行初步市场验证。此外，这些企业的国际化和品牌意识非常强，从创立之初就将目光投向全球市场。对于这类企业而言，我国强大的供应链能力为其发展提供了强有力的支持，而更重要的是它们对海外市场趋势的敏锐洞察。

对于美元基金而言，这些企业所处发展阶段较早，单笔融资金额相对较小，投资风险与负担可控。在当下复杂的投资环境中，这些出海企业成为美元基金的投资重点。

14.2.2 人民币基金

近年来，随着我国资本市场的发展和政策环境的变化，人民币基金逐渐成为支持我国企业出海的重要力量。不同于美元基金，人民币基金以其独特的投资偏好和运作机制，为众多寻求国际化发展的我国企业提供了新的融资渠道。

人民币基金的存在感日益增强，这一现象可以从创投圈从热衷于德州扑克转向集体玩掼蛋这一细节中窥见一斑。掼蛋这种需要团队协作的游戏，似乎更符合人民币基金的投资风格——注重长期合作与共赢。此外，"国家队"和地方政府引导基金是人民币基金的重要组成部分，它们往往倾向于支持那些能够带动地方产业升级和增加就业的企业。

以深圳市创新投资集团（深创投）为例，其由深圳市政府出资并吸引社会资本参与，专注于投资中小企业、高新技术企业和新兴产业企业，覆盖生物技术、互联网、智能制造、现代服务等多个领域。

2023 年，深创投参与了多个出海企业的融资活动，如数码配件品牌Baseus（倍思）的 AI 轮融资、智能宠物用品品牌霍曼科技的 C 轮融资、眼科医疗器械企业视微影像的 C 轮融资等，显示出其对科技创新的持续关注。

人民币基金通常偏爱大型、重资产企业，期望能带动地方产业升级和增加就业。出海企业若想获得投资，就要审视自身对供应链的依赖程度，以及有无自建供应链的能力。例如，电动摩托车制造商达芬骑在2024年初完成了B 轮融资，并宣布将在中山建立新能源智慧摩托车生产基地。

产业资本和战略投资者也是出海企业重要的资金来源。这类投资者不仅能提供资金支持，还能帮助企业整合产业资源，拓展业务范围。例如，储能企业深湾能源在 2023 年获得了小米系基金的投资，不仅得到了资金，还借助小米的品牌影响力和销售渠道实现了快速发展。

出海企业在与这类投资者接洽时应保持耐心，通过业务合作来推动投资决策，并适当地在估值上做出让步，以换取更多的产业资源和支持。

14.2.3　其他国际资本

在全球资本流动的浪潮下，出海企业的资本来源越发多元化。自2023年起，去中东寻求资金支持成为投资机构与企业的热门选择。例如，2023 年10

月，自动驾驶企业小马智行获得沙特阿拉伯新未来城及其旗下投资基金1亿美元注资；2023年末，蔚来获得阿布扎比投资机构CYVN Holdings约22亿美元战略投资。

不过，中东资本虽极具诱惑，想获得其青睐却并非易事。经过市场调研，不少企业认识到，在当地落地是赢得投资的关键条件。如果企业在新能源、生物医药、先进制造等领域具有明显优势，且在中东地区已有明确的业务规划，那获取中东资本的可能性会大大增加。

当然，国际资本并非仅局限于中东地区。当出海企业在目标市场积累了一定品牌知名度，就有可能获得当地资本认可。例如，人宠生活方式品牌未卡旗下新加坡子公司获得东南亚食品巨头旗下基金Quest FoF的5000万美元战略投资。未卡借此契机，在新加坡建立食品业务中心与品牌中心，还与投资方共同打造全球宠物营养研究院。

此外，智能机器人品牌健行仿生在日本获得了NEC全资子公司的数千万元投资；智能手机品牌FreeYond（自由跃动）在天使轮融资中得到马来西亚拿督蔡文杰近亿元投资。这些案例展示了国际资本对我国品牌的认可和支持。

14.2.4 案例研究：易达资本创新出海资本打法

易达资本由沙特阿拉伯公共投资基金（PIF）与阿里巴巴集团旗下的eWTP基金共同设立。作为一家专注于中东市场的跨境投资机构，易达资本不仅致力于帮助我国企业实现国际化目标，也为当地市场带来了先进的技术和商业模式。

易达资本早期进入中东市场时，采用的是传统的财务型投资打法。彼时，中东地区丰富的石油资源吸引了大量的资本，易达资本也希望在这片充满潜力的市场中分得一杯羹。

然而，在当地经营两三年后，易达资本发现现实与预期存在较大差距，真正符合其投资标准的优质早期项目有限。面对这一挑战，易达资本创新出海资本打法，将目光投向我国细分行业的头部企业，利用自身在中东地区积累的资源和市场洞察，助力它们开拓中东市场。

以极兔中东为例，这家快递公司在进入阿联酋和沙特市场时，便得到了易达资本的支持。极兔中东不仅在上述两个国家建立了覆盖全国的物流网络，还设立了现代化转运中心，极大提升了配送效率和服务质量。

此外，易达资本还涉足数字经济领域。例如，它与阿里云、沙特电信公司、沙特信息技术公司等在沙特联合成立云计算合资公司，推出了首个面向中东市场的云计算服务——沙特云。此举不仅填补了当地市场空白，也为更多我国科技企业进入中东提供了技术支持和保障。

为了进一步增强其在中东市场的影响力，易达资本还参与了多个重要项目的投资，如与沙特交通和物流服务部合作打造"沙特—中国特别经济区"，以及对联想集团旗下联晟智达进行战略投资等。

易达资本的创新打法取得了显著成效。一方面，我国头部企业借助易达资本成功进入中东市场，实现了业务的国际化拓展；另一方面，易达资本也在这一过程中找到了新的投资方向和盈利模式，不仅获得了投资收益，还进一步巩固了其在中东市场的地位。

在复杂多变的国际市场中，灵活调整投资策略，结合不同地区的特点和优势，寻找合作共赢的机会，才能在出海浪潮中实现可持续发展。易达资本的成功实践，激励着众多企业和投资机构勇敢探索，创新出海资本打法，共同推动全球经济的融合与发展。

14.3 融资与上市

在出海的漫漫征途上，融资与上市是企业发展的关键节点。从长远视角进行融资规划，能为企业提供稳定的"燃料"；尽早思考上市事宜，则有助于企业在国际资本舞台上抢占先机。二者都是出海企业做大做强的重要课题。

14.3.1 从长远视角进行融资规划

出海企业不仅要考虑短期的资金需求，还要从长远角度出发，制定全面且具有前瞻性的融资策略，以确保在国际市场上能够持续稳健地发展。

一方面，从长远视角进行融资规划意味着企业不仅要关注当前的资金缺口，还要考虑到未来可能遇到的各种挑战和机遇。例如，随着企业规模扩大，可能会涉及更多的市场开拓、技术研发或并购活动，这些都需要大量的资金支持。如果企业的融资规划仅着眼于眼前的需求，那么在面对突如其来的变化时，就容易陷入被动局面。

另一方面，长期的融资规划有助于企业更好地管理财务风险。通过提前预测未来的现金流状况，并结合不同阶段的资金需求，企业可以更加科学地选择合适的融资工具，如股权融资、债权融资或混合型融资等。这不仅能降低融资成本，还能有效规避因市场波动带来的不确定性风险。

2022 年 12 月，远景能源凭借其卓越的 ESG 表现以及高业务增长潜力，获得了亚洲市场首笔国际绿色融资框架与可持续发展挂钩贷款"双认证"的绿色银团贷款。这笔贷款由汇丰银行和花旗银行作为全球联席协调行，吸引了包括德国商业银行、法国外贸银行在内的 10 家国际领先银行积极参与。

远景能源之所以能够成功获得融资支持，关键在于其对融资规划的长远考量。一方面，其积极拓展国际市场，尤其是在可再生能源领域进行了大量投资，积累了丰富的项目经验和良好的市场声誉；另一方面，注重提升自身的 ESG 表现，将其纳入核心发展战略，增强了投资者的信心。此外，远景能源还与多家国际金融机构建立了紧密的合作关系，利用外资银行的成本优势和风控能力，进一步优化了融资结构。

针对出海企业，以下几点建议能为其制定有效的融资规划提供一些启示，如图 14-2 所示。

1. 明确战略目标

企业应当根据自身的发展愿景和市场需求，确定清晰的全球化目标和财务愿景，这包括分析市场机会、制定业务模式与区域策略等。只有明确了方向，才能有的放矢地进行融资规划。

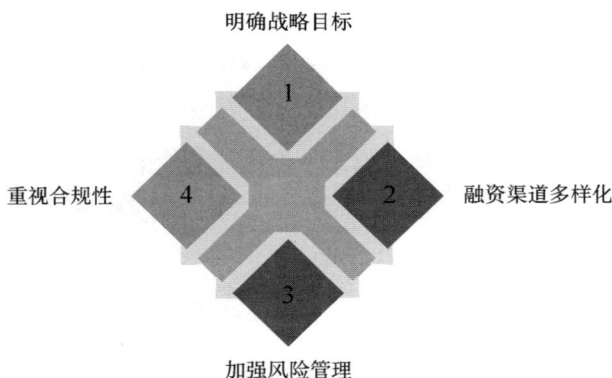

图14-2　出海企业如何制定有效的融资规划

2. 融资渠道多样化

除了传统的银行贷款，企业还可以探索其他多样化的融资方式，如发行债券、参与政府基金、引入战略投资者等。这样不仅可以拓宽资金来源，也能分散风险。

3. 加强风险管理

在融资过程中，企业必须时刻警惕潜在的风险因素，包括汇率波动、政治风险等。为此，企业要建立健全风险管理体系，采取相应的防范措施，如使用金融衍生品对冲汇率风险等。

4. 重视合规性

随着各国监管政策日益严格，企业在海外融资时尤其要注意遵守当地的法律法规。特别是在涉及跨境交易时，更要加强对合规性的审查，避免不必要的法律纠纷。

总之，对于出海企业来说，合理的融资规划不仅是为了满足当前的资金需求，更是为了保障企业在未来竞争激烈的国际市场中立于不败之地。通过借鉴远景能源的成功经验，并结合上述建议，相信更多企业能够在国际化道路上走得更稳更远。

14.3.2　尽早思考上市事宜

随着出海企业规模扩大和国际化程度提升，如何通过上市在资本市场获取长期发展动能，成为企业必须面对的课题。

上市能够为出海企业开辟多元化的融资渠道。在海外市场拓展业务，需要大量资金用于技术研发、市场推广、供应链建设等。上市后，企业可以通过发行股票、债券等方式，从全球资本市场募集资金。而且，相较于其他融资方式，上市融资成本低，资金来源稳定，能有效缓解企业的资金压力。

上市能显著提升企业的品牌形象和国际影响力。上市公司往往管理规范、财务透明、具有良好发展前景，良好形象有助于其在国际市场上赢得客户、合作伙伴和投资者的信任。

然而，上市地点的选择至关重要。不同的资本市场有着各自的特点和优势，如美国纳斯达克侧重于高科技企业，而香港联交所则以其灵活的上市制度吸引了众多内地企业。因此，企业要根据自身的行业特性、发展阶段及战略目标，慎重考虑是在境内还是境外上市，并且在具体地点上做出明智选择。

上市时机是影响上市成功与否的关键因素之一。过早上市可能导致估值偏低，无法充分反映企业的实际价值；而过晚上市则可能错过最佳的市场窗口期，增加融资成本。企业应当密切关注宏观经济环境、行业发展动态以及自身经营状况，寻找最合适的上市时机。

以小鹏汽车为例，作为我国新能源汽车行业的出海先锋，小鹏汽车很早就意识到上市的重要性。2020年8月，小鹏汽车成功登陆纽交所，成为继蔚来、理想之后第三家赴美上市的造车新势力企业。通过此次上市，小鹏汽车筹集到15亿美元，为其后续的技术研发、产能扩张和市场推广奠定了基础。

在技术研发方面，小鹏汽车投入大量资金用于自动驾驶技术的研发，不断提升其智能驾驶辅助系统的性能和安全性。在产能扩张上，小鹏汽车利用上市资金建设新的生产基地，提高车辆的生产能力，以满足市场需求。在市场推广方面，小鹏汽车积极拓展海外市场，将产品推向欧洲、东南亚等地区，通过上市带来的品牌影响力，吸引了更多海外消费者的关注。

小鹏汽车成功上市，不仅助其在激烈的市场竞争中脱颖而出，还为其在全球新能源汽车市场的布局奠定了坚实基础。如今，小鹏汽车已成为全球知名的新能源汽车品牌，其市值也在不断攀升。

出海企业若想尽早上市，要提前做好多方面准备：建立健全企业治理结构，完善内部管理制度，确保运营规范、透明；加强财务管理，保证财务数据的真实性、准确性和完整性，满足上市的财务要求；还要制定明确的发展战略，展示自身发展潜力和前景，吸引投资者的关注。

14.3.3 案例研究：斗禾科技的融资之路

在全球小家电市场上，斗禾科技凭借独特的发展路径与敏锐的市场洞察力，逐渐崭露头角。自成立以来，斗禾科技逐步发展成为集工业设计、研发、制造、营销和出海于一体的创新型小家电供应链企业。

2022年2月，斗禾科技完成近亿元A轮融资，由弘章资本领投，唯真资本担任独家财务顾问。

2023年8月，斗禾科技完成了B轮融资，获得了数亿元资金，投资者为琢石资本。通过这次融资，斗禾科技提升了其在全球市场的竞争力，加速了国际化步伐。

2023年11月，斗禾科技完成了B+轮融资，融资金额未透露，投资者为狮城资本。

2024年3月，斗禾科技完成了B++轮融资，融资金额未透露，投资者为狮城资本、云松资本、长沙市产业投资集团。

2024年4月，斗禾科技完成了由琢石资本、狮城资本领投，创谷资本、长投控股集团蓝月谷基金跟投的数亿元战略融资。这笔资金为斗禾科技进行产品研发、供应链升级、信息化建设等提供支撑。

借助融资资金，在品牌建设上，斗禾科技开展一系列品牌推广活动，提升品牌在国内外市场的影响力；在产品研发方面，进一步加大投入，不断推出新品类，如开发适用于车库、酒窖等多种场景的压缩机除湿机，进入海外除湿机市场；在供应链升级方面，优化生产流程，提升生产效率和产品质量。

在市场拓展方面，斗禾科技在海外重点区域建立完善的销售渠道和服务网络，其产品通过亚马逊、乐天、沃尔玛、Wayfair 等线上及线下渠道销往北美、欧洲及日韩等地区和国家。目前，斗禾科技自营品牌（如小禾、Flashvin、ALROCKET、AUZKIN 等）的销售额占总营收的 90%，主要来自亚马逊平台。其空气净化器产品在亚马逊上线第一年就获得近亿元营收，在亚马逊上排名品类第二。

通过合理的融资策略和有效的资金运用，斗禾科技成功开启了海外市场拓展之旅，在全球小家电市场中占据了一席之地。它的发展模式为小家电行业乃至其他行业的企业出海提供了有益的借鉴。未来，随着全球小家电市场的进一步发展，斗禾科技有望在海外市场取得更大的成就。